ROTEIRO

Francisco Cândido Xavier

ROTEIRO

pelo Espírito Emmanuel

Copyright © 1952 *by*
FEDERAÇÃO ESPÍRITA BRASILEIRA – FEB

14ª edição – 13ª impressão – 800 exemplares – 5/2025

ISBN 978-85-7328-721-9

Todos os direitos reservados. Nenhuma parte desta publicação pode ser reproduzida, armazenada ou transmitida, total ou parcialmente, por quaisquer métodos ou processos, sem autorização do detentor do *copyright*.

FEDERAÇÃO ESPÍRITA BRASILEIRA – FEB
SGAN 603 – Conjunto F – Avenida L2 Norte
70830-106 – Brasília (DF) – Brasil
www.febeditora.com.br
editorial@febnet.org.br
+55 61 2101 6161

Todo o papel empregado nesta obra possui certificação FSC®
sob responsabilidade do fabricante obtido através de fontes responsáveis.
* marca registrada de Forest Stewardship Council

Pedidos de livros à FEB
Comercial
Tel.: (61) 2101 6161 – comercial@febnet.org.br

Adquirindo esta obra, você está colaborando com as ações de assistência e promoção social da FEB e com o Movimento Espírita na divulgação do Evangelho de Jesus à luz do Espiritismo.

Dados Internacionais de Catalogação na Publicação (CIP)
(Federação Espírita Brasileira – Biblioteca de Obras Raras)

E54r   Emmanuel (Espírito)

       Roteiro / pelo Espírito Emmanuel; [psicografado por] Francisco Cândido Xavier. – 14. ed. – 13. imp. – Brasília: FEB, 2025.

       168 p.; 21 cm. – (Coleção Emmanuel)

       ISBN 978-85-7328-721-9

       1. Espiritismo. 2. Obras psicografadas. I. Xavier, Francisco Cândido, 1910–2002. II. Federação Espírita Brasileira. III. Título. IV. Coleção.

CDD 133.93
CDU 133.7
CDE 80.03.00

SUMÁRIO

Definindo rumos 9
1 O homem ante a vida 11
2 No plano carnal 15
3 O santuário sublime 19
4 Na senda evolutiva 23
5 Nos círculos da matéria 27
6 O perispírito 31
7 No aprimoramento 35
8 A Terra 39
9 O grande educandário 43
10 Religião 47
11 A fé religiosa 51
12 O serviço religioso 55

13 A mensagem cristã	59
14 Evangelho e alegria	63
15 Evangelho e individualidade	67
16 Evangelho e caridade	71
17 Evangelho e trabalho	75
18 Evangelho e exclusivismo	79
19 Evangelho e simpatia	83
20 Evangelho e dinamismo	87
21 Evangelho e educação	91
22 O Espiritismo na atualidade	95
23 Na extensão do serviço	99
24 O fenômeno espírita	103
25 Ante a vida mental	107
26 Afinidade	109
27 Mediunidade	113
28 Sintonia	117
29 Além da morte	121
30 Renovação	125
31 Desajuste aparente	129
32 Colaboração	133

33 Individualismo 135

34 Observações 139

35 Entre as forças comuns 143

36 Desenvolvimento psíquico ... 147

37 Experimentação 151

38 Missão do Espiritismo 155

39 Diante da Terra 159

40 Ante o Infinito 163

DEFININDO RUMOS

Em verdade, meu amigo, terás encontrado no Espiritismo a tua renovação mental.
O fenômeno terá modificado as tuas convicções.
As conclusões filosóficas alteraram, decerto, a tua visão do mundo.
Admites, agora, a imortalidade do ser.
Sentes a excelsitude do teu próprio destino.
Mas se essa transformação da inteligência não te reergue o coração com o aperfeiçoamento íntimo, se os princípios que abraças não te fazem melhor, à frente dos nossos irmãos da humanidade, para que te serve o conhecimento?
Se uma força superior te não educa as emoções, se a cultura te não dirige para a elevação do caráter e do sentimento, que fazes do tesouro intelectual que a vida te confia?
Não vale o intercâmbio somente pelo capricho atendido.
A expressão gritante do inabitual pode estar vazia de substância.
A ventania impetuosa que varre o solo, com imenso alarido, costuma gerar o deserto, enquanto que o rio silencioso e simples garante a floresta e a cidade, os lares e os rebanhos.

Se procuras contato com o plano espiritual, recorda que a morte do corpo não nos santifica. Além do túmulo, há também sábios e ignorantes, justos e injustos, corações no Céu e consciências no inferno purgatorial...

As excursões no desconhecido reclamam condutores. O Cristo é o nosso Guia divino para a conquista santificante do Mais Além...

Não te afastes dele.

Registrarás sublimes narrações do Infinito na palavra dos grandes orientadores, ouvirás muitas vozes amigas que te lisonjearão a personalidade, escutarás novidades que te arrebatam ao êxtase, entretanto, somente com Jesus no Evangelho bem vivido é que reestruturaremos a nossa individualidade eterna para a sublime ascensão à Consciência do universo.

Estas páginas despretensiosas constituem um apelo à congregação de nossas forças em torno do Cristo, nosso Mestre e Senhor.

Sem a Boa-Nova, a nossa Doutrina Consoladora será provavelmente um formoso parque de estudos e indagações, discussões e experimentos, reuniões e assembleias, louvores e assombros, mas a felicidade não é produto de deduções e demonstrações.

Busquemos, pois, com o celeste Benfeitor a lição da mente purificada, do coração aberto à verdadeira fraternidade, das mãos ativas na prática do bem, e o Evangelho nos ensinará a encontrar no Espiritismo o caminho de amor e luz para a alegria perfeita.

EMMANUEL

Pedro Leopoldo (MG), 10 de junho de 1952.

1
O HOMEM ANTE A VIDA

No crepúsculo da civilização em que rumamos para a alvorada de novos milênios, o homem que amadureceu o raciocínio supera as fronteiras da inteligência comum e acorda, dentro de si mesmo, com interrogativas que lhe incendeiam o coração.

— Quem somos?
— De onde viemos?
— Onde está a estação de nossos destinos?

À margem da senda em que jornadeia, surgem os escuros estilhaços dos ídolos mentirosos que adorou e, enquanto sensações de cansaço lhe assomam à alma enfermiça, o anseio da vida superior lhe agita os recessos do ser, qual braseiro vivo do ideal, sob a espessa camada de cinzas do desencanto.

Recorre à sabedoria e examina o microcosmo em que sonha.

Reconhece a estreiteza do círculo em que respira.

Observa as dimensões diminutas do lar cósmico em que se desenvolve.

Descobre que o Sol, sustentáculo de sua apagada residência planetária, tem um volume 1,3 milhões de vezes maior que o dela.

Aprende que a Lua, insignificante satélite de seu domicílio, dista mais de 380 mil quilômetros do mundo que lhe serve de berço.

Os planetas vizinhos evolucionam muito longe, no espaço imenso.

Dentre eles, destaca-se Marte, distante de nós cerca de 56 milhões de quilômetros, à época de sua maior aproximação.

Alongando as perquirições, além do nosso Sol, analisa outros centros de vida.

Sírius ofusca-lhe a grandeza.

Pólux, a imponente estrela dos Gêmeos, eclipsa-o em majestade.

Capela é 5,8 mil vezes maior.

Antares apresenta volume superior.

Canópus tem um brilho 80 vezes superior ao do sol.

Deslumbrado, apercebe-se de que não existe vácuo, de que a vida é patrimônio da gota de água, tanto quanto é a essência dos incomensuráveis sistemas siderais; e, assombrado ante o esplendor do universo, o homem que empreende a laboriosa tarefa do descobrimento de si mesmo volta-se para o chão a que se imanta e pede ao amor que responda à soberania cósmica, dentro da mesma nota de grandeza, todavia, o amor no ambiente em que ele vive está ainda, qual planta milagrosa, em tenro desabrochar.

Confinado ao reduzido agrupamento consanguíneo a que se ajusta ou compondo a equipe de interesses passageiros a que provisoriamente se enquadra, sofre a inquietação do ciúme, da cobiça, do egoísmo, da dor. Não sabe dar sem receber, não consegue ajudar sem reclamar e, criando o choque da exigência para os outros, recolhe dos outros os choques sempre renovados da incompreensão e da discórdia, com raras possibilidades de auxiliar e ser auxiliado.

Viu a Majestade divina nos Céus e identifica em si mesmo a pobreza infinita da Terra.

Tem o cérebro inflamado de glória e o coração invadido de sombra.

Orgulha-se, ante os espetáculos magnificentes do Alto e padece a miséria de baixo.

Deseja comunicar aos outros o quanto apreendeu e sentiu na contemplação da vida ilimitada, mas não encontra ouvidos que o entendam.

Repara que o amor, na Terra, é ainda a alegria dos oásis fechados.

E, partindo os elos que o prendem à estreita família do mundo, o homem que desperta para a grandeza da Criação, deambula na Terra, à maneira do viajante incompreendido e desajustado, peregrino sem pátria e sem lar, a sentir-se grão infinitesimal de poeira nos domínios celestiais.

Nesse homem, porém, alarga-se a acústica da alma e, apesar dos sofrimentos que o afligem, é sobre ele que as Inteligências superiores estão edificando os fundamentos espirituais da nova humanidade.

2
NO PLANO CARNAL

Isolado na concha milagrosa do corpo, o Espírito está reduzido, em suas percepções, a limites que se fazem necessários. A esfera sensorial funciona, para ele, à maneira de câmara abafadora.

Visão, audição, tato, padecem enormes restrições. O cérebro físico é um gabinete escuro, proporcionando-lhe ensejo de recapitular e reaprender.

Conhecimentos adquiridos e hábitos profundamente arraigados nos séculos aí jazem na forma estática de intuições e tendências.

Forças inexploradas e infinitos recursos nele dormem, aguardando a alavanca da vontade para se externarem no rumo da superconsciência.

No templo miraculoso da carne, em que as células são tijolos vivos na construção da forma, nossa alma permanece provisoriamente encerrada, em temporário olvido, mas não absoluto, porque, se transporta consigo mais vasto patrimônio de experiência, é torturada por indefiníveis anseios de retorno à espiritualidade superior, demorando-se, enquanto no mundo opaco, em singulares e reiterados desajustes.

Dentro da grade dos sentidos fisiológicos, porém, o Espírito recebe gloriosas oportunidades de trabalho no labor de autossuperação.

Sob as constrições naturais do plano físico, é obrigado a lapidar-se por dentro, a consolidar qualidades que o santificam e, sobretudo, a estender-se e a dilatar-se em influência, pavimentando o caminho da própria elevação.

Aprisionado no castelo corpóreo, os sentidos são exíguas frestas de luz, possibilitando-lhe observações convenientemente dosadas, a fim de que valorize, no máximo, os seus recursos no espaço e no tempo.

Na existência carnal, encontra multiplicados meios de exercício e luta para a aquisição e fixação dos dons de que necessita para respirar em mais altos climas.

Pela necessidade, o verme se arrasta das profundezas para a luz.

Pela necessidade, a abelha se transporta a enormes distâncias, à procura de flores que lhe garantam o fabrico do mel.

Assim também, pela necessidade de sublimação, o Espírito atravessa extensos túneis de sombra, na Terra, de modo a estender os poderes que lhe são peculiares.

Sofrendo limitações, improvisa novos meios para a subida aos cimos da luz, marcando a própria senda com sinais de uma compreensão mais nobre do quadro em que sonha e se agita.

Torturado pela sede de Infinito, cresce com a dor que o repreende e com o trabalho que o santifica.

Roteiro

As faculdades sensoriais são insignificantes réstias de claridade descerrando-lhe leves notícias do prodigioso reino da Luz.

E quando sabe utilizar as sombras do palácio corporal que o aprisiona temporariamente para o desenvolvimento de suas faculdades divinas, meditando e agindo no bem, pouco a pouco tece as asas de amor e sabedoria com que, mais tarde, desferirá venturosamente os voos sublimes e supremos, na direção da Eternidade.

3
O SANTUÁRIO SUBLIME

Noutro tempo, as nações admiravam como maravilhas o Colosso de Rodes, os Jardins Suspensos da Babilônia, o Túmulo de Mausolo, e, hoje, não há quem fuja ao assombro diante das obras surpreendentes da Engenharia moderna, quais sejam a Catedral de Milão, a Torre Eiffel ou os arranha-céus de Nova Iorque.

Raros estudiosos, no entanto, se recordam dos prodígios do corpo humano, realização paciente da Sabedoria divina, nos milênios, templo da alma, em temporário aprendizado na Terra.

Por mais se nos agigante a inteligência, até agora não conseguimos explicar, em toda a sua harmoniosa complexidade, o milagre do cérebro, com o coeficiente de bilhões de células; o aparelho elétrico do sistema nervoso, com os gânglios à maneira de interruptores e células sensíveis por receptores em circuito especializado, com os neurônios sensitivos, motores e intermediários, que ajudam a graduar as impressões necessárias ao progresso da mente encarnada, dando passagem à corrente nervosa, com a velocidade aproximada de 70 metros por segundo; a câmara ocular, onde as imagens viajam da retina para os recônditos do cérebro, em cuja intimidade se incorporam às telas da memória, como patrimônio inalienável do Espírito; o parque da audição, com os seus complicados recursos para o registro dos sons e para a fixação deles nos recessos da alma, que seleciona ruídos e palavras, definindo-os e catalogando-os na situação e no conceito que lhes são próprios; o centro da fala; a sede miraculosa do gosto, nas papilas da língua, com um potencial de corpúsculos gustativos que ultrapassa o número de 2 mil; as admiráveis revelações do esqueleto ósseo; as fibras musculares; o aparelho digestivo; o tubo intestinal; o motor do coração; a fábrica de sucos do fígado; o vaso de fermentos do pâncreas; o caprichoso sistema sanguíneo, com as suas milhares de vidas microscópicas e com as suas artérias vigorosas, que suportam a pressão de várias atmosferas; o avançado laboratório dos pulmões; o precioso serviço de seleção dos rins; a epiderme, com os seus segredos dificilmente abordáveis; os órgãos veneráveis da atividade genésica e os fulcros elétricos e magnéticos das glândulas no sistema endócrino.

 Com o corpo humano, temos na Terra o mais sublime dos santuários e uma das supermaravilhas da Obra divina.

 Da cabeça aos pés, sentimos a glória do supremo Idealizador, que, pouco a pouco, no curso incessante dos milênios, organizou para o Espírito em crescimento o domicílio de carne em que a alma se manifesta. Maravilhosa cidade estruturada com vidas microscópicas quase imensuráveis, por meio dela a mente se desenvolve e se purifica, ensaiando-se nas lutas naturais e nos serviços regulares do mundo para altos encargos nos círculos superiores.

A bênção de um corpo, ainda que mutilado ou disforme, na Terra, é como preciosa oportunidade de aperfeiçoamento espiritual, o maior de todos os dons que o nosso planeta pode oferecer.

Até agora, de modo geral, o homem não tem sabido colaborar na preservação e na sublimação do castelo físico. Enquanto jovem, estraga-lhe as possibilidades, de fora para dentro, desperdiçando-as impensadamente, e, tão logo se vê prejudicado por si mesmo ou prematuramente envelhecido, confia-se à rebelião, destruindo-o de dentro para fora, a golpes mentais de revolta injustificável e desespero inútil.

Dia surge, porém, no qual o homem reconhece a grandeza do templo vivo em que se demora no mundo e suplica o retorno a ele, como trabalhador faminto de renovação, que necessita de adequado instrumento à conquista do abençoado salário do progresso moral para a suspirada ascensão às Esferas divinas.

4
NA SENDA EVOLUTIVA

Quantos milênios gastou a natureza divina para realizar a formação da máquina física em que a mente humana se exprime na Terra?

O corpo é para o homem santuário real de manifestação, obra-prima do trabalho seletivo de todos os reinos em que a vida planetária se subdivide.

Quanto tempo despenderá, desse modo, a Sabedoria celeste na estruturação do organismo da alma?

Da sensação à irritabilidade, da irritabilidade ao instinto, do instinto à inteligência e da inteligência ao discernimento, séculos e séculos correram incessantes.

A evolução é fruto do tempo infinito.

A morte da forma somática não modifica, de imediato, o Espírito que lhe usufruiu a colaboração.

Berço e túmulo são simples marcos de uma condição para outra.

Assim é que, para as consciências primárias, a desencarnação é como a entrada em certo período de hibernação.

Aves sem asas, não se elevam à altura. Aguardam o momento de novo regresso ao ninho carnal para a obtenção de recursos que as habilitem para os grandes voos. Crisálidas espirituais imobilizam-se na feição exterior com que se apresentam, mas no íntimo conservam as imagens de todas as experiências que armazenaram nos recessos do ser, revivendo-as em forma de pesadelos e sonhos, imprimindo na mente as necessidades de educação ou reparação, com que devem comparecer no cenário da carne, em momento oportuno.

Para semelhantes inteligências, a morte é como uma parada compulsória, por algum tempo, diante de mais altos degraus da escada evolutiva que ainda não se acham aptas a transpor. Sem os instrumentos de exteriorização, que lhes cabe desenvolver e consolidar, essas mentes, quando desencarnadas, sofrem consideráveis alterações da memória. Quase sempre, demoram-se nos acontecimentos que viveram e, de alguma sorte, perdem, temporariamente, a noção do tempo. Cristalizam-se, dessa maneira, em paixões e realizações do passado que lhes é próprio, para renascerem, na arena da luta material, com as características do quadro moral em que se colocam, desintegrando erros e corrigindo falhas, edificando, pouco a pouco, as qualidades sublimes com que se transportarão às esferas mais altas.

Em razão disso, os Espíritos delinquentes ressurgem nas correntes da vida física, reproduzindo no patrimônio congenial as deficiências que adquiriram à face da Lei.

O malfeitor conservará consigo longo remorso por haver desequilibrado o curso do bem, impondo lamentável retardamento ao avanço espiritual que lhe diz respeito, e, com essa perturbação, represará na própria alma grande número de imagens que, na zona mental dele mesmo, se digladiarão mutuamente, inibindo, por tempo indeterminável, o acesso de elementos renovadores ao campo do próprio "eu".

Purificado o vaso íntimo do sentimento, renascerá na paisagem das formas, com o defeito adquirido através do longo convívio com o desespero, com o arrependimento ou com a desilusão, reajustando o corpo perispirítico, por intermédio de laborioso esforço regenerativo na esfera carnal.

Os aleijões de nascença e as moléstias indefiníveis constituem transitórios resultados dos prejuízos que, individualmente, causamos à corrente harmoniosa da evolução.

De átomo em átomo, organizam-se os corpos astronômicos dos mundos, e de pequenina experiência em pequenina experiência, infinitamente repetidas, alarga-se-nos o poder da mente e sublimam-se-nos as manifestações da alma, que, no escoar das eras imensuráveis, cresce no conhecimento e aprimora-se na virtude, estruturando, pacientemente, no seio do espaço e do tempo, o veículo glorioso com que escalaremos, um dia, os impérios deslumbrantes da Beleza imortal.

5
NOS CÍRCULOS DA MATÉRIA

Superando as vulgaridades que lhe assinalam a romagem na carne, o Espírito reconhece a sua posição de internado nos círculos da matéria, a qual, a seu turno, é simplesmente o conjunto das vidas inferiores, suscetível de ser examinado por nossa capacidade de apreciação.

Em seus múltiplos estados, a matéria é força coagulada, dentro de extensas faixas dinâmicas, guardando a entidade mental de tipos diversos, em seu longo roteiro evolutivo.

Corpos sólidos, líquidos, gasosos, fluidos densos e radiantes, energias sutis, raios de variadas espécies e poderes ocultos tecem a rede em que a nossa consciência se desenvolve, na expansão para a imortalidade gloriosa.

O homem é um gênio divino em aperfeiçoamento ou um anjo nascituro, no grande império das existências microscópicas, em cujo âmbito é escravo natural das ordenações superiores e legítimo senhor das potências menores.

Em torno dele tudo é movimento, transformação e renovação. No seio multifário da natureza, em que se agita, tudo se modifica no embate turbilhonário das energias que lhe favoreçam a experiência e a ascensão.

Embora a ordem dominante nos elementos infrainfinitesimais, tudo aí se desfaz e se refaz incessantemente, oferecendo ao Espírito fases importantes de materialização e desmaterialização, dentro de leis sistemáticas que funcionam em igualdade de condições para todos.

Mas, além dos elementos químicos analisados, entre o hidrogênio e o urânio, que se agrupam no planeta através de infinitas combinações, jazem as linhas de força do mundo subatômico, geradas pelos potenciais elétricos e magnéticos que presidem a todos os fenômenos da vida, e, por trás dessas linhas positivas, neutras ou negativas, que constituem a matéria, verdadeira aglomeração de sistemas solares microscópicos e de nebulosas infinitesimais, permanece o pensamento que tudo cria, renova e destrói para refazer.

A energia mental é o fermento vivo que improvisa, altera, constringe, alarga, assimila, desassimila, integra, pulveriza ou recompõe a matéria em todas as dimensões.

Por isso mesmo, somos o que decidimos, possuímos o que desejamos, estamos onde preferimos e encontramos a vitória, a derrota ou a estagnação, conforme imaginamos.

A história da Criação, no livro de Moisés, idealizando o Senhor diante do abismo, simboliza a força da mente perante o cosmo.

"Faça-se a luz" — determinou a divina Vontade — "e a luz se fez sobre as trevas".

Por nossa vez, cada dia, proclamamos com as nossas ideias, atitudes, palavras e atos: "Faça-se o destino!" E a vida nos traz aquilo que dela reclamamos.

Roteiro

Os acontecimentos obedecem às nossas intenções e provocações, manifestas ou ocultas.

Encontraremos o que merecemos, porque merecemos o que buscamos.

A existência, pois, para nós, em qualquer parte, será invariavelmente segundo a pensamos.

6
O PERISPÍRITO

Como será o tecido sutil da espiritual roupagem que o homem envergará, sem o corpo de carne, além da morte?

Tão arrojada é a tentativa de transmitir informes sobre a questão aos companheiros encarnados, quão difícil se faria esclarecer à lagarta com respeito ao que será dela depois de vencer a inércia da crisálida.

Colado ao chão ou à folhagem, arrastando-se pesadamente, o inseto não desconfia que transporta consigo os germes das próprias asas.

O perispírito é, ainda, corpo organizado que, representando o molde fundamental da existência para o homem, subsiste além do sepulcro, demorando-se na região que lhe é própria, em conformidade com o seu peso específico.

Formado por substâncias químicas que transcendem a série estequiogenética conhecida até agora pela ciência terrena, é aparelhagem de matéria rarefeita, alterando-se de acordo com o padrão vibratório do campo interno.

Organismo delicado, com extremo poder plástico, modifica-se sob o comando do pensamento. É necessário, porém, acentuar que o poder apenas existe onde prevaleçam a agilidade e a habilitação que só a experiência consegue conferir.

Nas mentes primitivas, ignorantes e ociosas, semelhante vestidura se caracteriza pela feição pastosa, verdadeira continuação do corpo físico, ainda animalizado ou enfermiço.

O progresso mental é o grande doador de renovação ao equipamento do espírito em qualquer plano de evolução.

Note-se, contudo, que não nos reportamos aqui ao aperfeiçoamento interior.

O crescimento intelectual, com intensa capacidade de ação, pode pertencer a inteligências perversas.

Daí a razão de encontrarmos, em grande número, compactas falanges de entidades libertas dos laços fisiológicos operando nos círculos da perturbação e da crueldade, com admiráveis recursos de modificação nos aspectos em que se exprimem.

Não possuem meios para a ascese imediata, mas dispõem de elementos para dominar no ambiente em que se equilibram.

Não adquiriram, ainda, a verticalidade do Amor que se eleva aos santuários divinos, na conquista da própria sublimação, mas já se iniciaram na horizontalidade da ciência com que influenciam aqueles que, de algum modo, ainda lhes partilham a posição espiritual.

Os "anjos caídos" não passam de grandes gênios intelectualizados com estreita capacidade de sentir.

Apaixonados, guardam a faculdade de alterar a expressão que lhes é própria, fascinando e vampirizando nos reinos inferiores da natureza.

Entretanto, nada foge à transformação e tudo se ajusta, dentro do universo, para o geral aproveitamento da vida.

A ignorância dormente é acordada e aguilhoada pela ignorância desperta.

A bondade incipiente é estimulada pela bondade maior.

O perispírito, quanto à forma somática, obedece a leis de gravidade no plano a que se afina.

Nossos impulsos, emoções, paixões e virtudes nele se expressam fielmente. Por isso mesmo, durante séculos e séculos, nos demoraremos nas esferas da luta carnal ou nas regiões que lhes são fronteiriças, purificando a nossa indumentária e embelezando-a, a fim de preparar, segundo o ensinamento de Jesus, a nossa veste nupcial para o banquete do serviço divino.

7
NO APRIMORAMENTO

No aperfeiçoamento do corpo espiritual, além do primitivismo de certas almas que jazem longo tempo, entorpecidas após a morte física, observemos, ainda, o quadro das mentes evolvidas intelectualmente, mas submersas nas densas vibrações decorrentes de compromissos escuros.

Não permanecem no regime da inércia, em sono larval; entretanto, agitam-se nos desvarios da loucura.

Criam imagens que vivem e se movimentam na intimidade delas próprias, por tempo indeterminado, cuja duração varia com a força do impulso de suas paixões.

Carregam consigo os dramas intensos de que se fizeram autoras.

Encarnada na Terra, a inteligência vive entre as provocações da esfera carnal e as sugestões silenciosas da mente. Quanto mais intelectualizada a criatura, mais profundamente respira no plano das ideias, influenciando e sendo influenciada.

Geralmente, porém, o homem desequilibra os próprios sentimentos, inclinando-se, em maior ou menor porcentagem, para o afastamento das leis com as quais se deve nortear. Atravessa os caminhos humanos, ganhando pouco e quase sempre perdendo muito, dentro de si mesmo, obscurecendo-se nas pesadas sombras dos pensamentos inquietantes que produz para o consumo de suas necessidades mentais.

Assim é que a desencarnação não lhes modifica o campo íntimo.

Encasulada no círculo vibratório das criações que lhe dizem respeito, a alma sofre naturais inibições ante a paisagem da vida gloriosa. Não possui ainda órgão de percepção para sintonizar-se com os espetáculos deslumbrantes da imensidade, encarcerada, qual se encontra entre as paredes estranhas das concepções obscuras e estreitas em que se agita.

Como a lâmpada vive no seio das próprias irradiações, emitindo luz que é também matéria sutil, a alma permanece no seio das criações que lhe são peculiares, prendendo-se à paisagem em que prevaleçam as forças e os desejos que lhe são afins, porque o pensamento é também substância rarefeita, matéria dentro de expressões inabordáveis até agora pelas investigações terrestres.

Podendo alimentar-se, por tempo indefinível, das emanações dos próprios desejos, entidades existem que estacionam, durante muitos anos, dentro dos quadros emocionais em que se comprazem, atrasando a marcha evolutiva, até que reencarnam na recapitulação das experiências em que faliram, retomando o serviço de purificação interior para a sublimação de si mesmas.

Desse modo, somos defrontados por dolorosos fenômenos congeniais.

Suicidas recomeçam a luta física, no círculo de moléstias ingratas, e criminosos reaparecem no berço, com deploráveis mutilações e defeitos; alcoólatras regressam à existência, em companhia de pais que se sintonizam com eles, e grandes delinquentes reencetam a viagem do aprimoramento moral, na esfera de provas temíveis, quais sejam as de enfermidades indefiníveis e de aflições dificilmente remediáveis.

No extenso e abençoado viveiro de almas que é o mundo, pouco a pouco, de século a século e de milênio a milênio, usando variados corpos e diversas posições no campo das formas, nosso Espírito constrói lentamente, para o próprio uso, o veículo acrisolado e divino com que, um dia, ascenderemos à sublime habitação que o Senhor nos reserva em plena imortalidade vitoriosa.

8
A TERRA

A Terra é um magneto enorme, gigantesco aparelho cósmico em que fazemos, a pleno céu, nossa viagem evolutiva.

Comboio imenso, a deslocar-se sobre si mesmo e girando em torno do Sol, podemos comparar as classes sociais que a habitam a grandes vagões de categorias diversas.

De quando em quando, permutamos lugar com os nossos vizinhos e companheiros.

Quem viaja em instalações de luxo volta a conhecer os bancos humildes em carros de condição inferior.

Quem segue nas acomodações singelas, ergue-se, depois, a situações invejáveis, alterando as experiências que lhe dizem respeito.

Temos aí o símbolo das reencarnações.

De corpo em corpo, como quem se utiliza de variadas vestiduras, peregrina o Espírito de existência em existência, buscando aquisições novas para o tesouro de amor e sabedoria que lhe constituirá divina garantia no campo da eternidade.

Podemos, ainda, filosoficamente, classificar o Planeta, com mais propriedade, tomando-o por nossa escola multimilenária.

Há muitos aprendizes que lhe ocupam as instalações na expectativa inoperante, mas o tempo lhes cobra caro a ociosidade, separando-os, por fim, de paisagens e criaturas amadas ou relegando-os à paralisia ou à cristalização em largos despenhadeiros de sombra.

Outros alunos indagam, dia e noite... e, com as perquirições viciosas, perdem os valores do tempo.

Imaginemos um educandário, em cuja intimidade comparecessem os discípulos de primária iniciação exigindo retribuições e homenagens antes de se confiarem ao estudo das primeiras lições.

O menino bisonho não poderia reclamar esclarecimentos quanto à congregação que dirige a casa de ensino onde está recebendo as primeiras letras.

E, ante a grandeza infinita da vida que nos cerca, não passamos de crianças no conhecimento superior.

Vacilamos, tateamos e experimentamos, a fim de aprender e amealhar os recursos do Espírito.

Compete-nos, assim, tão somente, um direito: o direito de trabalhar e servir, obedecendo às disciplinas edificantes que a Sabedoria perfeita nos oferece, através das variadas circunstâncias em que a nossa vida se movimenta.

Ninguém se engane, julgando mistificar a natureza.

O trabalho é divina lei.

Pesquisar indefinidamente, na maioria das vezes, é disfarçar a preguiça intelectual.

A vida, porém, é ciosa de seus segredos e somente responde com segurança aos que lhe batem à porta com o esforço incessante do trabalhador que deseja para si a coroa resplendente do apostolado no serviço.

9
O GRANDE EDUCANDÁRIO

De portas abertas à glória do ensino, a Terra, nas linhas da atividade carnal, é, realmente, uma universidade sublime, funcionando, em vários cursos e disciplinas, com 2 bilhões de alunos, aproximadamente, matriculados nas várias raças e nações.

Mais de 20 bilhões de almas conscientes, desencarnadas — sem nos reportarmos aos bilhões de inteligências sub-humanas que são aproveitadas nos múltiplos serviços do progresso planetário —, cercam o domicílio terrestre, demorando-se noutras faixas de evolução.

Para a maioria dessas criaturas, necessitadas de experiência nova e mais ampla, a reencarnação não é somente um impositivo natural mas também um prêmio pelo ensejo de aprendizagem.

Assim é que, sob a iluminada supervisão das Inteligências divinas, cada povo, no passado ou no presente, constitui uma seção preparatória da humanidade à frente do porvir.

Ontem, aprendíamos a Ciência no Egito, a Espiritualidade na Índia, o Comércio na Fenícia, a Revelação em Jerusalém, o Direito em Roma e a Filosofia na Grécia. Hoje, adquirimos a Educação na Inglaterra, a Arte na Itália, a paciência na China, a técnica industrial na Alemanha, o respeito à liberdade na Suíça e a renovação espiritual nas Américas.

Cada nação possui tarefa específica no aprimoramento do mundo. E ainda mesmo quando os blocos raciais, em desvario, se desmandam na guerra, movimentam-se à procura de valores novos no próprio engrandecimento.

Nos círculos do planeta, vemos as mais primitivas comunidades dirigindo-se para as grandes aquisições culturais.

Se é verdade que a civilização refinada de hoje voa pelo mundo contornando-o em algumas horas, caracterizando-se pelos mais altos primores da inteligência, possuímos milhões de irmãos pela forma, infinitamente distantes do mundo moral. Quase nada diferindo dos irracionais, não conseguiram ainda fixar a mínima noção de responsabilidade.

Os anões docos da Abissínia, sem qualquer vestuário e pronunciando gritos estranhos à guisa de linguagem, mais se assemelham aos macacos.

Os nossos irmãos negros de Kytches passam os dias estirados no chão à espera de ratos com que possam mitigar a própria fome.

Entre grande parte dos africanos orientais, não existe ligação moral entre pais e filhos.

Os latucas, no interior da África, não conhecem qualquer sentimento de compaixão ou dever.

Remanescentes dos primitivos habitantes das Filipinas, erram pelas montanhas, à maneira de animais indomesticáveis.

E, não longe de nós, os botocudos, entregues à caça e à pesca, são exemplares terríveis de bruteza e ferocidade.

No imenso educandário, há tarefas múltiplas e urgentes para todos os que aprendem que a vida é movimento, progresso, ascensão.

Tanto na fé religiosa como na administração dos patrimônios públicos; na arte tanto quanto na indústria; nas obras de instrução como nas ciências agrícolas, a individualidade encontra vastíssimo campo de ação, com dilatados recursos de evidenciar-se.

O trabalho é a escada divina de acesso aos lauréis imarcescíveis do Espírito.

Ninguém precisa pedir transferência para Júpiter ou Saturno, a fim de colaborar na criação de novos céus. A Terra, nossa casa e nossa oficina, em plena paisagem cósmica, espera por nós, a fim de que a convertamos em glorioso paraíso.

10
RELIGIÃO

A Ciência multiplica as possibilidades dos sentidos e a Filosofia aumenta os recursos do raciocínio, mas a Religião é a força que alarga os potenciais do sentimento.

Por isso mesmo, no coração mora o centro da vida. Dele partem as correntes imperceptíveis do desejo que se consubstanciam em pensamento no dínamo cerebral, para depois se materializarem nas palavras, nas resoluções, nos atos e nas obras de cada dia.

Na luta vulgar, há quem menospreze a atividade religiosa, supondo-a mero artifício do sacerdócio ou da política, entretanto, é na predicação da fé santificante que encontraremos as regras de conduta e a perfeição de que necessitamos para o crescimento de nossa vida mental na direção das conquistas divinas.

A humanidade, sintetizando o fruto das civilizações, é construção religiosa.

Desde os nossos antepassados invertebrados e vertebrados, caminhamos nos milênios, de reencarnação em reencarnação, adquirindo inteligência, por intermédio da experimentação incessante; entretanto, não é somente a razão o fruto de nosso aprendizado no decurso dos séculos, mas também o discernimento, ou luz espiritual, com que, pouco a pouco, aperfeiçoamos a mente.

A Religião é a força que está edificando a humanidade. É a fábrica invisível do caráter e do sentimento.

Milhões de criaturas encarnadas guardam, ainda, avançados patrimônios de animalidade. Valem-se da forma humana como quem se aproveita de uma casa nobre para a incorporação de valores educativos. Possuem coração para registrar o bem, contudo, abrigam impulsos de crueldade. O instinto da pantera, a peçonha da serpente, a voracidade do lobo, ainda imperam no psiquismo de inumeráveis inteligências.

Só a Religião consegue apagar as mais recônditas arestas do ser. Determinando nos centros profundos de elaboração do pensamento, altera, gradativamente, as características da alma, elevando-lhe o padrão vibratório, através da melhoria crescente de suas relações com o mundo e com os semelhantes.

Nascida no berço rústico do temor, a fé iniciou o seu apostolado ensinando às tribos primárias que o divino Poder guarda as rédeas da suprema Justiça, infundindo respeito à vida e aprimorando o intercâmbio das almas. Dela procedem os mananciais da fraternidade realmente sentida. Embora as formas inferiores da Religião, na Antiguidade, muita vez incentivassem a perseguição e a morte em sacrifícios e flagelações deploráveis, e apesar das lutas de separação e incompreensão que dividem os templos nos dias da atualidade, arregimentando-os para o dissídio em variadas fronteiras dogmáticas, ainda é a Religião a escola soberana de formação moral do povo, dotando o Espírito de poderes e luzes para a viagem da sublimação.

A ciência construirá para o homem o clima do conforto e enriquecê-lo-á com os brasões da cultura superior; a Filosofia auxiliá-lo-á com valiosas interpretações dos fenômenos em que a eterna Sabedoria se manifesta, mas somente a fé, com os seus estatutos de perfeição íntima, consegue preparar nosso Espírito imperecível para a ascensão à glória universal.

11
A FÉ RELIGIOSA

Em todos os tempos, o homem sonha com a pátria celestial.

As ideias de Céu e Inferno jazem no pensamento de todos os povos.

Os indígenas da América admitem o paraíso de caça abundante e danças permanentes, com reservas inesgotáveis de fumo.

Os esquimós localizavam o Éden nas cavernas adornadas.

As tribos maori, que cultivam a guerra por estado natural de felicidade, esperam que o Céu lhes seja uma rinha eterna, em que se digladiem, indefinidamente.

Entre os hindus, as noções de responsabilidade e justiça estão fortemente associadas à ideia da sobrevivência. De conformidade com a crença por eles esposada, nas eras mais remotas, os desencarnados eram submetidos às apreciações do Juiz dos mortos. Os bons seriam destinados ao paraíso, a fim de se deliciarem ante os coros celestes, e os maus desceriam para os despenhadeiros do império de Varuna, o deus das águas, onde se instalariam em câmaras infernais, algemados uns aos outros por laços vivos de serpentes. Situados, porém, na sementeira da verdade, sempre admitiram que, do palácio celeste ou do abismo tormentoso, as almas regressariam à esfera carnal, de modo a se adiantarem na ciência da perfeição.

Os assírio-caldeus supunham que os mortos viviam sonolentos em regiões subterrâneas, sob amplo domínio das sombras.

Na Grécia, a partir dos mistérios de Orfeu, as concepções de justiça póstuma alcançam grau mais alto. No Hades terrificante de Homero, os Espíritos são julgados por Minos, filho de Zeus.

Os gauleses aceitavam a doutrina da transmigração das almas e eram depositários de avançadas revelações da Espiritualidade superior.

Os hebreus localizavam os desencarnados no *scheol*, que Jó classifica como "terra de miséria e trevas, onde habitam o pavor e a morte".

Com Virgílio, encontramos princípios mais seguros no que se refere às leis de retribuição. Na entrada do Orco, há divindades infernais para os trabalhos punitivos, quais a guerra, o luto, as doenças, a velhice, o medo, a fome, os monstros, os centauros e as harpias, as Fúrias e a Hidra de Lerna, simbolizando os terríveis suplícios mentais das almas que se fazem presas da ilusão, durante a vida física. Entre esses deuses do abismo, ergue-se o velho ulmeiro, em cujos galhos se dependuram os sonhos, aí principiando a senda que desemboca no Aqueronte, enlameado e lodoso, com largos redemoinhos de água fervente.

Os egípcios atravessavam a existência, consagrando-se aos estudos da morte, inspirados pelo ideal da justiça e da felicidade, além-túmulo.

Mais recentemente, Maomé estabelece novas linhas à vida espiritual, situando o Céu em sete andares e o inferno em sete subdivisões. Os eleitos respiram em deliciosos jardins, com regatos de água cristalina, leite e mel, e os condenados vivem no território do suplício, onde corre ventania cruel, alimentando estranho fogo que tudo consome; e Dante, o vidente florentino, apresenta quadros expressivos do Inferno, do Purgatório e do Céu.

As realidades da sobrevivência acompanham a alma humana desde o berço. Intuitivamente, sabe o homem que a vida não se encontra circunscrita às estreitas atividades da Terra.

O corpo é uma casa temporária a que se recolhe nossa alma em aprendizado. Por isso mesmo, quando atingido pelas farpas da desilusão e do cansaço, o espírito humano recorda instintivamente algo intangível que se lhe afigura ao pensamento angustiado como o paraíso perdido. Desajustado na Terra, pede ao Além a mensagem de reconforto e harmonia. Semelhante momento, porém, é profundamente expressivo no destino de cada alma, porque, se o coração que pede é portador da boa vontade, a resposta da vida superior não se faz esperar e um novo caminho se desdobra à frente da alma opressa e fatigada que se volta para o Além, cheia de amor, sofrimento e esperança.

12
O SERVIÇO RELIGIOSO

Desde quando começou na Terra o serviço de adoração a Deus? Perde-se o alicerce da fé na sombra de evos insondáveis.

Dir-se-ia que o primeiro impulso da planta e do verme, à procura da luz, não é senão anseio religioso da vida, em busca do Criador que lhes instila o ser.

Considerando, porém, as escolas religiosas dos povos mais antigos, vemos no sistema egípcio a ideia central da imortalidade, com avançadas concepções da Grandeza divina, mas enclausurada nos templos do sacerdócio ou no palácio dos faraós, sem ligação com o espírito popular, muita vez relegado à superstição e ao abandono.

Na Índia, identificamos o culto da sabedoria. Instrutores eminentes aí ensinam que a bondade deve ser a raiz de nossas relações com os semelhantes, que as nossas virtudes e vícios são as forças que nos seguirão, além do túmulo, propagando-se abençoadas lições de aperfeiçoamento moral e compreensão humana; entretanto, o espírito das castas aí sufocou os santuários, impedindo a desejável extensão dos benefícios espirituais aos círculos do povo.

Na Pérsia, temos no zoroastrismo a consagração do nosso dever para com o bem; todavia, as comunidades felicitadas por seus respeitáveis ensinamentos se confiam a guerras de conquista e destruição.

Entre os judeus, sentimos o sopro da Revelação do Deus único, estabelecendo o reino da Justiça na Terra, mas, apesar da glória sublime que coroa a fronte de Moisés e dos profetas que o sucederam, o orgulho racial é uma chaga viva no coração do povo escolhido.

Na China, possuímos a exaltação da simplicidade, através de lições que fulguram em todas as suas linhas sociais, destacando o equilíbrio e a solidariedade, contudo, o grande povo chinês não consegue superar as perturbações do separativismo e do cativeiro.

Na Grécia, encontramos o culto da beleza. Os mistérios de Orfeu traçam formosos ideais e constroem maravilhosos santuários. O aprimoramento da arte e da cultura, porém, não consegue criar no espírito helênico a noção do Amor universal. Generais e filósofos usam a inteligência para a dominação e, de modo algum, se furtam às tentações do campo bélico, acendendo a abominável fogueira da discórdia e do arrasamento.

Em Roma, surpreendemos o Direito ensinando que o patrimônio e a liberdade do próximo devem ser respeitados, no entanto, em nenhuma civilização do mundo observamos juntos tantos gênios da flagelação e da morte.

Hermes é a sabedoria.

Buda é a renunciação.

Zoroastro é o dever.
Moisés é a justiça.
Confúcio é a harmonia.
Orfeu é a beleza.
Numa Pompílio é o poder.

Em todos os grandes períodos da evolução religiosa, antes do Cristo, vemos, porém, as demonstrações incompletas da espiritualidade. Não há padrões absolutos de perfeição moral, indicando aos homens o caminho regenerador e santificante. Aparecem linhas divisórias entre raças e castas, com vários tipos de louvor e humilhação para ricos e pobres, senhores e escravos, vencedores e vencidos.

Com Jesus, no entanto, surge no mundo o vitorioso coroamento da fé. No Cristianismo, recebemos as gloriosas sementes de fraternidade que dominarão os séculos. O divino Fundador da Boa-Nova entra em contato com a multidão e o santuário do amor universal se abre, iluminado e sublime, para a santificação da humanidade inteira.

13
A MENSAGEM CRISTÃ

Não se reveste o ensinamento de Jesus de quaisquer fórmulas complicadas.

Guardando, embora, o devido respeito a todas as escolas de revelação da fé com os seus colégios iniciáticos, notamos que o Senhor desce da Altura, a fim de libertar o templo do coração humano para a sublimidade do amor e da luz, através da fraternidade, do amor e do conhecimento.

Para isso, o Mestre não exige que os homens se façam heróis ou santos de um dia para o outro. Não pede que os seguidores pratiquem milagres, nem lhes reclama o impossível.

Dirige-se a palavra dele à vida comum, aos campos mais simples do sentimento, à luta vulgar e às experiências de cada dia.

Contrariamente a todos os mentores da humanidade, que viviam, até então, entre mistérios religiosos e dominações políticas, convive com a massa popular, convidando as criaturas a levantarem o santuário do Senhor nos próprios corações.

Ama a Deus, Nosso Pai — ensinava Ele —, com toda a tua alma, com todo o teu coração e com todo o teu entendimento.

Ama o próximo como a ti mesmo.

Perdoa ao companheiro quantas vezes se fizerem necessárias.

Empresta sem aguardar retribuição.

Ora pelos que te perseguem e caluniam.

Ajuda aos adversários.

Não condenes para que não sejas condenado.

A quem te pedir a capa cede igualmente a túnica.

Se alguém te solicita a jornada de mil passos, segue com ele dois mil.

Não procures o primeiro lugar nas assembleias, para que a vaidade te não tente o coração.

Quem se humilha será exaltado.

Ao que te bater numa face, oferece também a outra.

Bendize aquele que te amaldiçoa.

Liberta e serás libertado.

Dá e receberás.

Sê misericordioso.

Faze o bem ao que te odeia.

Qualquer que perder a sua vida por amor ao apostolado da redenção, ganhá-la-á mais perfeita, na glória da eternidade.

Resplandeça a tua luz.

Tem bom ânimo.

Deixa aos mortos o cuidado de enterrar os seus mortos.

Se pretendes encontrar-me na luz da ressurreição, nega a ti mesmo, alegra-te sob o peso da cruz dos próprios deveres e segue-me os passos no calvário de suor e sacrifício que precede os júbilos da aurora divina!

E, diante desses apelos, gradativamente, há vinte séculos, calam-se as vozes que mandam revidar e ferir!... E a Palavra do Cristo, acima de éditos e espadas, decretos e encíclicas, sobe sempre e cresce cada vez mais, na acústica do mundo, preparando os homens e a vida para a soberania do amor universal.

14
EVANGELHO E ALEGRIA

Grande injustiça comete quem afirma encontrar no Evangelho a religião da tristeza e da amargura.

Indubitavelmente, o sacerdócio muita vez impregnou o horizonte cristão de nuvens sombrias, com certas etiquetas do culto exterior, mas o Cristianismo, em sua essência, é a revelação da profunda alegria do Céu entre as sombras da Terra.

A vinda do Mestre é precedida pela visitação dos anjos.

Maria, jubilosa, conversa com um mensageiro divino que a esclarece sobre a chegada do Embaixador celestial.

Nasce Jesus na manjedoura humilde, que se deslumbra ao clarão de inesperada estrela.

Tratadores rústicos são chamados por um emissário espiritual, repentinamente materializado à frente deles, declarando-se portador das "notícias de grande alegria" para todo o povo. No mesmo instante, vozes cristalinas entoam cânticos na Altura, glorificando o Criador e exaltando a paz e a boa vontade entre os homens.

Começam a reinar o contentamento e a esperança...

Mais tarde, o Mestre inicia o seu apostolado numa festa nupcial, assinalando os júbilos da família.

Como que percebendo limitação e estreiteza em qualquer templo de pedra para a sua palavra no mundo, o Senhor principia as suas pregações à beira do lago, em pleno santuário da natureza. Flores e pássaros, luz e perfume representam a moldura de sua doutrinação.

Multidões ouvem-lhe a voz balsamizante.

Doentes e aleijados tocam-se de infinitas consolações.

Pobres e aflitos entreveem novos horizontes no futuro.

Mulheres e crianças acompanham-no, alegremente.

O Sermão da Montanha é o hino das bem-aventuranças, suprimindo a aflição e o desespero.

Por onde passa o divino Amigo, estabelece-se o contentamento contagiante.

Em pleno campo, multiplica-se o pão destinado aos famintos.

O tratamento dispensado pelo Mestre aos sofredores, considerados inúteis ou desprezíveis, cria novos padrões de confiança no mundo.

Desdobra-se o apostolado da Boa-Nova, no clima da alegria perfeita.

Cada criatura que registra as notas consoladoras do Evangelho começa a contemplar o mundo e a vida através de prisma diferente.

Surge-lhe a Terra por bendita escola de preparação espiritual, com serviço santificante para todos.

Cada enfermo que se refaz para a saúde é veículo de bom ânimo para a comunidade inteira.

Cada sofredor que se reconforta constitui edificação moral para a turba imensa.

Madalena, que se engrandece no amor, é a beleza que renasce eterna; e Lázaro, que se ergue do sepulcro, é a vida triunfante que ressurge imortal.

E, ainda, do suor sangrento das lágrimas da cruz, o Senhor faz que flua o manancial da vida vitoriosa para o mundo inteiro, com o sol da ressurreição a irradiar-se para a humanidade, sustentando-lhe o crescimento espiritual na direção dos séculos sem-fim.

15
EVANGELHO E INDIVIDUALIDADE

Efetivamente, as massas acompanhavam o Cristo de perto, no entanto, não vemos no Mestre a personificação do agitador comum.

Em todos os climas políticos, as escolas religiosas, aproximando-se da legalidade humana, de alguma sorte partilham da governança, estabelecendo regras espirituais com que adquirem poder sobre a multidão.

Jesus, porém, não transforma o espírito coletivo em terreno explorável.

Proclamando as bem-aventuranças à turba no monte, não a induz para a violência, a fim de assaltar o celeiro dos outros. Multiplica, Ele mesmo, o pão que a reconforte e a alimente.

Não convida o povo a reivindicações.

Aconselha respeito aos patrimônios da direção política, na sábia fórmula com que recomendava fosse dado "a César o que é de César".

Muitos estudiosos do Cristianismo pretendem identificar no Mestre divino a personalidade do revolucionário, instigando os seus contemporâneos à rebelião e à discórdia; entretanto, em nenhuma passagem de seu ministério encontramos qualquer testemunho de indisciplina ou desespero diante da ordem constituída.

Socorreu a turba sofredora e consolou-a; não se mostrou interessado em libertar a comunidade das criaturas, cuja evolução, até hoje, ainda exige lutas acerbas e provações incessantes, mas ajudou o homem a libertar-se.

Ao apóstolo exclama: "Vem e segue-me!"

À pecadora exorta: "Vai e não peques mais."

Ao paralítico fala, bondoso: "Ergue-te e anda."

À mulher sirofenícia diz, convincente: "A tua fé te curou."

Por toda parte, vemo-lo interessado em levantar o espírito, buscando erigir o templo da responsabilidade em cada consciência e o altar dos serviços aos semelhantes em cada coração.

Demonstrando as preocupações que o tomavam perante a renovação do mundo individual, não se contentou em sentar-se no trono diretivo, em que os generais e os legisladores costumam ditar determinações... Desceu, Ele próprio, ao seio do povo e entendeu-se pessoalmente com os velhos e os enfermos, com as mulheres e as crianças.

Enteve-se em dilatadas conversações com as criaturas transviadas e reconhecidamente infelizes.

Tanto utiliza a bondade fraternal para com Madalena, a obsidiada, quanto emprega a gentileza no trato com Zaqueu, o rico.

Reconhecendo que a tirania e a dor deveriam permanecer, ainda, por largo tempo na Terra, na condição de males necessários à retificação das inteligências, o Benfeitor celeste foi, acima de tudo, o orientador da transformação individual, o único movimento de liberação do Espírito, com bases no esforço próprio e na renúncia ao próprio "eu".

Para isso, lutou, amou, serviu e sofreu até a cruz, confirmando, com o próprio sacrifício, a sua Doutrina de revolução interior, quando disse: "E aquele que deseje fazer-se o maior no reino do Céu, seja no mundo o servidor de todos."

16
EVANGELHO E CARIDADE

Antes de Jesus, a caridade é desconhecida.
Os monumentos das civilizações antigas não se reportam à divina virtude.
Os destroços do palácio de Nabucodonosor, no solo em que se erguia a grandeza de Babilônia, falam simplesmente de fausto e poder que os séculos consumiram.
Nas lembranças do Egito glorioso, as pirâmides não se referem à compaixão.
Os famosos hipogeus de Persépolis são atestados de orgulho racial.
As muralhas da China traduzem a preocupação com a defesa.
Nos velhos santuários da Índia, o Todo-Poderoso é venerado por milhões de fiéis, indiscutivelmente sinceros, mas deliberadamente afastados dos semelhantes, nascidos na condição de párias desprezíveis.
A acrópole de Atenas, com as suas colunas respeitáveis, é louvor à inteligência.

O coliseu de Vespasiano, em Roma, é monumento levantado ao triunfo bélico, para as expansões da alegria popular.

Por milênios numerosos, o homem admitiu a hegemonia dos mais fortes e consagrou-a através da arte e da cultura que era suscetível de criar e desenvolver.

Com Jesus, porém, a paisagem social experimenta decisivas alterações.

O Mestre não se limita a ensinar o bem. Desce ao convívio com a multidão e materiliza-o com o próprio esforço.

Cura os doentes na via pública, sem cerimoniais, e ajuda a milhares de ouvintes, amparando-os na solução dos mais complicados problemas de natureza moral, sem se valer das etiquetas do culto externo.

Lega aos discípulos a parábola do bom samaritano, que exalta a missão sublime da caridade para sempre.

A história é simples e expressiva.

Transmite Lucas a palavra do celeste Orientador, explicando que:

> descia um homem de Jerusalém para Jericó e caiu nas mãos dos salteadores, que o despojaram, espancando-o e deixando-o semimorto. Ocasionalmente, passava pelo mesmo caminho um sacerdote e, vendo-o, passou de largo. E, de igual modo, também um levita, abordando o mesmo lugar e observando-o, passou a distância. Mas um samaritano, que ia de viagem, chegou ao pé dele e, reparando-o, moveu-se de íntima piedade. Abeirando-se do infortunado, aliviou-lhe as feridas e, colocando-o sobre a sua cavalgadura, cuidadosamente asilou-o numa estalagem.

Vemos, dentro da narrativa, que o Senhor situa no necessitado simplesmente "um homem".

Não lhe identifica a raça, a cor, a posição social ou os pontos de vista.

Nele, enxerga a humanidade sofredora, carecente de auxílio das criaturas que acendam a luz da caridade, acima de todos os preconceitos de classe ou de religião.

Desde aí, novo movimento de solidariedade humana surge na Terra.

No curso do tempo, dispersam-se os apóstolos, ensinando, em variadas regiões do mundo, que "mais vale dar que receber".

E, inspirados na lição do Senhor, os vanguardeiros do bem substituem os vales da imundície pelos hospitais confortáveis; combatem vícios multimilenários com orfanatos e creches; instalam escolas onde a cultura jazia confiada aos escravos; criam institutos de socorro e previdência onde a sociedade mantinha a mendicância para os mais fracos. E a caridade, como gênio cristão na Terra, continua crescendo com os séculos, através da bondade de um Francisco de Assis, da dedicação de um Vicente de Paulo, da benemerência de um Rockefeller ou da fraternidade do companheiro anônimo da via pública, salientando, valorosa e sublime, que o Espírito do Cristo prossegue agindo conosco e por nós.

17
EVANGELHO E TRABALHO

A glorificação do trabalho é serviço evangélico.

Antecedendo a influência do Mestre, a Terra era vasto latifúndio povoado de senhores e escravos.

O serviço era considerado desonra.

Dominadas pelo princípio da força, as nações guardavam imensa semelhança com as tabas da comunidade primigênia.

O destaque social resultava da caça.

Erguiam-se os tronos, quase sempre, sobre escuros alicerces de rapinagem.

Os favores da vida pertenciam aos mais argutos e aos mais poderosos.

Qualquer infelicidade econômica redundava em compulsório cativeiro.

Trabalho era sinônimo de aviltação.

Os Espíritos mais nobres, na maioria das vezes, demoravam-se na subalternidade absoluta, suando e gemendo para sustentar o carro purpúreo dos opressores.

Em todas as cidades, pululavam escravos de todos os matizes e somente a eles era conferido o dever de servir, como austera punição.

Roma imperial jazia repleta de cativos tomados ao Egito e à Grécia, à Gália e ao Ponto. Só na revolução de Espártaco, no ano de 71, antes da era cristã, foram condenados à morte trinta mil escravos na Via Ápia, cuja única falta era aspirar ao trabalho digno em liberdade edificante.

Com Jesus, no entanto, nova época surge para o mundo.

O ministério do Senhor é, sobretudo, de ação e movimento.

Levanta-se o Mestre com o dia e devota-se ao bem dos semelhantes pela noite adentro.

Médico – não descansa no auxílio efetivo aos doentes.

Professor – não se fatiga, repetindo as lições.

Juiz – exemplifica a imparcialidade e a tolerância.

Benfeitor – espalha, sem cessar, as bênçãos do amor infinito.

Sábio – coloca a ciência do bem ao alcance de todos.

Advogado – defende os interesses dos fracos e dos humildes.

Trabalhador divino – serve a todos, sem reclamação e sem recompensa.

O exemplo do Cristo é sublime e contagiante.

Cada companheiro de apostolado ausenta-se, mais tarde, do comodismo para ajudar e ensinar em seu nome, rasgando horizontes mais vastos à compreensão da vida, em regiões distantes do berço que os vira nascer.

Mais tarde, em Roma, o desejo de auxílio mútuo entre os cristãos atinge inconcebíveis realizações no capítulo do trabalho.

Pessoas convertidas ao Evangelho se consagram, inteiramente, ao serviço com o objetivo de amparar os companheiros necessitados.

Espalham-se aprendizes da Boa-Nova nas atividades da indústria e da agricultura, das artes e das ciências, da instrução e do comércio, da enfermagem e da limpeza pública, disputando recursos para o auxílio aos associados de ideal, na servidão ou na indigência, no sofrimento e nas prisões. Há quem jejue por dois e três dias seguidos, a fim de economizar dinheiro para os serviços de assistência ao próximo, sob a direção do pastor.

O trabalho passa, então, a ser interpretado como bênção divina.

Paulo de Tarso, transferindo-se da dignidade do Sinédrio para o duro labor do tear, confeccionando tapetes para não ser pesado a ninguém e garantindo, por esse modo, a sua liberdade de palavra e de ação, é o símbolo do cristão que educa e realiza, demonstrando que à claridade do ensino deve aliar-se a glória do exemplo.

E, até hoje, honrando no trabalho digno a sua norma fundamental de ação, o Cristianismo é a força libertadora da humanidade, nos quadrantes do mundo inteiro.

18
EVANGELHO E EXCLUSIVISMO

Quase todos os santuários religiosos divididos entre si, na esfera dogmática, isolam-se indebitamente, disputando privilégios e primazias. E até mesmo nos círculos da atividade cristã, o espírito de exclusivismo tem dominado grupos de escol, desde os primeiros séculos de sua constituição.

Em nome do Cristo, muitas vezes a tirania política e o despotismo intelectual organizaram guerras, atearam fogueiras, incentivaram a perseguição e entronizaram a morte.

Pretendendo representar o Mestre, que não possuía uma pedra onde repousar a cabeça dolorida, o imperador Focas estabelece o Papado, em 607, exalçando a vaidade romana. Supondo agir na condição de seus defensores, Godofredo de Bulhões e Tancredo de Siracusa organizam, em 1096, um exército de 500 mil homens e estimulam conflitos sangrentos, combatendo pela reivindicação de terras e relíquias que recordam a divina passagem de Jesus pela Terra. Acreditando preservar-lhe os princípios salvadores, Gregório IX, em 1231, consolida o Tribunal da Inquisição, adensando a sombra e fortalecendo criminosas flagelações no campo da fé religiosa. Convictos de garantir-lhe a Doutrina, os sacerdotes punem com o suplício e com a morte valorosos pioneiros do progresso planetário, quais sejam Giordano Bruno e Jan Hus.

Semelhantes violências, todavia, não passam de manifestações do espírito belicoso que preside às inquietudes humanas.

Cristo nunca endossou o dogmatismo e a intransigência por normas de ação.

Afirma não haver nascido para destruir a Lei antiga, mas para dar-lhe fiel cumprimento.

Não hostiliza senão a perversidade deliberada.

Não guerreia.

Não condena.

Não critica.

Combate o mal, socorrendo-lhe as vítimas.

Dá-se a todos.

Ensina com paciência e bondade o caminho real da redenção.

Começa o ministério da palavra conversando com os doutores do Templo e termina o apostolado palestrando com os ladrões.

A ninguém desdenha, e os transviados infelizes lhe merecem mais calorosa atenção.

Prepara o espírito dos pescadores para os grandes cometimentos do Evangelho com admirável confiança e profunda bondade, sem lhes exigir qualquer atestado de pureza racial.

Auxilia mulheres desventuradas com serenidade e desassombro, em contraposição com os preconceitos do tempo, trazendo-as, de novo, à dignidade feminina.

Não busca títulos, e, sim, inclina-se, atencioso, para os corações.

Nicodemos, o mestre de Israel, e Bartimeu, o cego desprezado, recebem dele a mesma expressão afetiva.

A intolerância jamais compareceu ao lado de Jesus, na propagação da Boa-Nova.

O isolacionismo orgulhoso, na esfera cristã, é simples criação humana, fadado naturalmente a desaparecer, porque, na realidade, nenhuma doutrina, quanto o Cristianismo, trouxe, até agora, ao mundo atormentado e dividido os elos de amor e luz da verdadeira solidariedade.

19
EVANGELHO E SIMPATIA

Do apostolado de Jesus, destaca-se a simpatia por alicerce da felicidade humana.

A violência não consta de sua técnica de conquistar.

Ainda hoje, vemos vasta fileira de lidadores do sacerdócio usando, em nome Dele, a imposição e a crueldade; todavia, o Mestre, invariavelmente, pautou os seus ensinamentos nas mais amplas normas de respeito aos seus contemporâneos.

Jamais faltou com o entendimento justo para com as pessoas e as situações.

Divino Semeador, sabia que não basta plantar os bons princípios, e sim oferecer, antes de tudo, à semente, favoráveis condições necessárias à germinação e ao crescimento.

Certo, em se tratando do interesse coletivo, Jesus não menoscaba a energia benéfica.

Exprobra o comercialismo desenfreado que humilha o Templo, quanto profliga os erros de sua época.

Entretanto, diante das criaturas dominadas pelo mal, enche-se de profunda compaixão e tolerância construtiva.

Aos enfermos não indaga quanto à causa das aflições que os vergastam, para irritá-los com reclamações.

Auxilia-os e cura-os.

Os apontamentos que dirige aos pecadores e transviados são recomendações doces e sutis.

Ao doente curado no Tanque de Betesda, explica despretensioso:

— Vai e não reincidas no erro, para que te não aconteça coisa pior.

À pobre mulher apedrejada na praça pública, adverte, bondoso:

— Vai e não peques mais.

Não indica o inferno às vítimas da sombra. Reergue-as, compassivo, e acende-lhes nova luz.

Compreende os problemas e as lutas de cada um.

Atrai as crianças a si, compadecidamente, infundindo nova confiança aos corações maternos.

Sabe que Pedro é frágil, mas não desespera e confia nele.

Contempla o torvo drama do espírito de Judas, no entanto, não o expulsa.

Reconhece que a maioria dos beneficiários não se revelam à altura das concessões que solicitam, contudo, não lhes nega assistência.

Preso, recompõe a orelha de Malco, o soldado.

À frente de Pilatos e de Ântipas, não pede providências suscetíveis de lançar a discórdia, ainda mesmo a título de preservação da justiça.

Longe de impacientar-se com a presença dos malfeitores que também sofreram a crucificação, inclina-se amistosamente para eles e busca entendê-los e encorajá-los.

À turba que o rodeia com palavrões e cutiladas, envia pensamentos de paz e votos de perdão.

E, ainda além da morte, não foge aos companheiros que fugiram. Materializa-se diante deles, induzindo-os ao serviço da regeneração humana, com o incentivo de sua presença e de seu amor até ao fim da luta.

Em todas as passagens do Evangelho, perante o coração humano, sentimos no Senhor o campeão da simpatia, ensinando como sanar o mal e construir o bem. E desde a manjedoura, sob a Sua divina inspiração, um novo caminho redentor se abre aos homens, no rumo da paz e da felicidade, com bases no auxílio mútuo e no espírito de serviço, na bondade e na confraternização.

20
EVANGELHO E DINAMISMO

Desde os primórdios da organização religiosa no mundo, há quem estime a vida contemplativa absoluta por introdução imprescindível às alegrias celestiais.

Cristalizado em semelhante atitude, o crente demanda lugares ermos como se a solidão fosse sinônimo de santidade.

Poderá, contudo, o diamante fulgurar no mostruário da beleza, fugindo ao lapidário que lhe apura o valor?

Com o Cristo, não vemos a ideia de repouso improdutivo como preparação do Céu.

Não foge o Mestre ao contato com a luta comum.

A Boa-Nova em seu coração, em seu verbo e em seus braços é essencialmente dinâmica.

Não se contenta em ser procurado para mitigar o sofrimento e socorrer a aflição.

Vai, Ele mesmo, ao encontro das necessidades alheias, sem alardear presunção.

Instrui a alma do povo, em pleno campo, dando a entender que todo lugar é sagrado para a divina Manifestação.

Não adota posição especial, a fim de receber os doentes e impressioná-los.

Na praça pública, limpa os leprosos e restaura a visão dos cegos.

À beira do lago, entre pescadores, reergue paralíticos.

Em meio da multidão, doutrina entidades da sombra, reequilibrando obsidiados e possessos.

Mateus, 9:35, informa que Jesus "percorria todas as cidades e aldeias, ensinando nos templos que encontrava, pregando o Evangelho do reino e curando todas as enfermidades que assediavam o povo".

Em ocasião alguma o encontramos fora de ação.

Quando se dirige ao monte ou ao deserto, a fim de orar, não é a fuga que pretende e sim a renovação das energias para poder consagrar-se, mais intensamente, à atividade.

Certamente, para exaltar os méritos do reino de Deus, não se revela pregoeiro barato da rua, mas afirma-se, invariavelmente, pronto a servir.

Atencioso, presta assistência à sogra de Pedro e visita, afetuosamente, a casa de Levi, o publicano, que lhe oferece um banquete.

Não impõe condições para o desempenho da missão de bondade que o retém ao lado das criaturas.

Não usa roupagens especiais para entender-se com Maria Madalena, nem se enclausura em preconceitos de religião ou de raça para deixar de atender aos doentes infelizes.

Seja onde for, sem subestimar os valores do Céu, ajuda, esclarece, ampara e salva.

Com o Evangelho, institui-se entre os homens o culto da verdadeira fraternidade.

O Poder divino não permanece encerrado na simbologia dos templos de pedra.

Liberta-se.

Volta-se para a esfera pública.

Marcha ao encontro da necessidade e da ignorância, da dor e da miséria.

Abraça os desventurados e levanta os caídos.

Não mais a tirania de Baal, nem o favoritismo de Júpiter, mas Deus, o Pai, que, através de Jesus Cristo, inicia na Terra o serviço da fé renovadora e dinâmica que, sendo êxtase e confiança, é também compreensão e caridade para a ascensão do espírito humano à Luz universal.

21
EVANGELHO E EDUCAÇÃO

Quando o Mestre confiou ao mundo a divina mensagem da Boa-Nova, a Terra, sem dúvida, não se achava desprovida de sólida cultura.

Na Grécia, as artes haviam atingido luminosa culminância e, em Roma, bibliotecas preciosas circulavam por toda parte, divulgando a política e a ciência, a filosofia e a religião.

Os escritores possuíam corpos de copistas especializados e professores eméritos conservavam tradições e ensinamentos, preservando o tesouro da inteligência.

Prosperava a instrução em todos os lugares, mas a educação demorava-se em lamentável pobreza.

O cativeiro consagrado por lei era flagelo comum.

A mulher, aviltada em quase todas as regiões, recebia tratamento inferior ao que se dispensava aos cavalos.

Homens de consciência enobrecida, por infelicidade financeira ou por questiúnculas de raça, eram assinalados a ferro candente e submetidos à penosa servidão, anotados como animais.

Os pais podiam vender os filhos.

Era razoável cegar os vencidos e aproveitá-los em serviços domésticos.

As crianças fracas eram, quase sempre, punidas com a morte.

Enfermos eram sentenciados ao abandono.

As mulheres infelizes podiam ser apedrejadas com o beneplácito da justiça.

Os mutilados deviam perecer nos campos de luta, categorizados à conta de carne inútil.

Qualquer tirano desfrutava o direito de reduzir os governados à extrema penúria, sem ser incomodado por ninguém.

Feras devoravam homens vivos nos espetáculos e divertimentos públicos, com aplauso geral.

Rara a festividade do povo que transcorria sem vasta efusão de sangue humano, como impositivo natural dos costumes.

Com Jesus, entretanto, começa uma era nova para o sentimento.

Condenado ao supremo sacrifício sem reclamar, e rogando o perdão celeste para aqueles que o vergastavam e feriam, instila no ânimo dos seguidores novas disposições espirituais.

Iluminados pela divina Influência, os discípulos do Mestre consagram-se ao serviço dos semelhantes.

Simão Pedro e os companheiros dedicam-se aos doentes e infortunados.

Instituem-se casas de socorro para os necessitados e escolas de evangelização para o espírito popular.

Pouco a pouco, altera-se a paisagem social no curso dos séculos.

Dilacerados e atormentados, entregues ao supremo sacrifício nas demonstrações sanguinolentas dos tribunais e das praças públicas, ou trancafiados nas prisões, os aprendizes do Evangelho ensinam a compaixão e a solidariedade, a bondade e o amor, a fortaleza moral e a esperança.

Há grupos de servidores que se devotam ao trabalho remunerado para a libertação de numerosos cativos.

Senhores da fortuna e da terra, tocados nas fibras mais íntimas, devolvem escravos ao mundo livre.

Doentes encontram remédio, mendigos acham teto, desesperados se reconfortam, órfãos são recebidos no lar.

Nova mentalidade surge na Terra.

O coração educado aparece, por abençoada luz, nas sombras da vida.

A gentileza e a afabilidade passam a reger o campo das boas maneiras e, sob a inspiração do Mestre crucificado, homens de pátrias e raças diferentes aprenderam a encontrar-se com alegria, exclamando, felizes: "Meu irmão!"

22
O ESPIRITISMO NA ATUALIDADE

O Espiritismo, nos tempos modernos, é, sem dúvida, a revivescência do Cristianismo em seus fundamentos mais simples.

Descerrando a cortina densa, postada entre os dois mundos, nos domínios vibratórios em que a vida se manifesta, mereceu, desde a primeira hora de suas arregimentações doutrinárias, o interesse da ciência investigadora que procura escravizá-lo ao gabinete ou ao laboratório, qual se fora mera descoberta de energias ocultas da natureza, como a da eletricidade, que o homem submete ao seu bel-prazer, na extensão de vantagens ao comodismo físico.

Interessada no fenômeno, a especulação analisa-lhe os componentes, acreditando encontrar, no intercâmbio entre as duas esferas, nada mais que respostas a velhas questões de Filosofia, sem qualquer consequência de ordem moral, na experiência humana.

Erra, todavia, quem se norteia por essas normas, porquanto o Espiritismo, positivando a sobrevivência além da morte, envolve em si mesmo vasto quadro de ilações, no campo da ética religiosa, constrangendo o homem a mais largas reflexões no campo da justiça.

Não cogitamos aqui de dogmática, de apologética ou de qualquer outro ramo das escolas de fé em seus aspectos sectários.

Não nos reportamos a religiões, mas à Religião propriamente considerada como sistema de crescimento da alma para celeste comunhão com o Espírito divino.

Desdobrando o painel das responsabilidades que a vida nos confere, o novo movimento de revelação implica abençoado e compulsório desenvolvimento mental.

A permuta com os círculos de ação dos desencarnados compele a criatura a pensar com mais amplitude, dentro da vida.

Novos aspectos da evolução se lhe descortinam e mais rico material de pensamento lhe enriquece os celeiros do raciocínio e da observação.

Entretanto, assim como cada recipiente guarda o conteúdo desta ou daquela substância, segundo a conformação e a situação que lhe são próprias, a Doutrina Renovadora, com os seus benefícios, passa despercebida ou é escassamente aproveitada por aqueles que se inclinam às discussões sem utilidade, aqueles que se demoram no êxtase improdutivo ou se arrojam aos despenhadeiros da sombra, companheiros ainda inaptos para os conhecimentos de ordem superior, trazidos à Terra não para a defesa do egoísmo ou da animalidade, mas sim para a espiritualização de todos os seres.

De que nos valeria a prodigiosa descoberta de Watt, se o vapor não fosse disciplinado em benefício da civilização?

Que faríamos da eletricidade, sem os elementos de contenção e transformação que lhe controlam os impulsos?

No Espiritismo fenomênico, somos constantemente defrontados com aluviões de forças inteligentes, mas nem sempre sublimadas, que nos assediam e nos reclamam.

Aprendemos que a morte é questão de sequência nos serviços da natureza.

Reconhecemos que a vida estua, ao redor de nossos passos, nos mais variados graus de evolução.

Daí o impositivo da força disciplinar.

Urge o estabelecimento de recursos para a ordenação justa das manifestações que dizem respeito à nova ordem de princípios que se instalam vitoriosos na mente de cada um.

E, para cumprir essa grande missão, o Evangelho é chamado a orientar os aprendizes da ciência do Espírito, para que, levianos ou desavisados, não se precipitem a imensos resvaladouros de amargura ou desilusão.

23
NA EXTENSÃO DO SERVIÇO

Que seria do Espiritismo se não guardasse finalidades de aperfeiçoamento da própria Terra, onde se expressa por movimento libertador das consciências?

Seria louvável subtrair o homem do campo à função laboriosa da sementeira, distraindo-o com narrativas brilhantes e induzindo-o à inércia?

Seria aconselhável a imposição do êxtase ao esforço ativo, congelando-se preciosas oportunidades de realização para o bem?

Mas se nos abeirarmos do trabalhador com o intuito de estimulá-lo ao serviço, auxiliando-lhe o entendimento para que a tarefa se lhe faça menos sacrificial e favorecendo-o a fim de que descubra, por si mesmo, os degraus da própria elevação, estaremos edificando o bem legítimo no aprimoramento da vida e da coletividade.

De que valeria a intimidade do homem com os Espíritos domiciliados em outras esferas sem proveito para a existência que lhe é peculiar? Não será deplorável perda de tempo informarmo-nos, sem propósito honesto, quanto aos regulamentos que regem a casa alheia? Se a criatura humana ainda não pode dispensar o suprimento de proteínas e carboidratos, de oxigênio e vitaminas, se não pode prescindir do banho e da leitura, por que induzi-la ao ocioso prazer das indagações sem elevação de vistas?

Atendamos, acima de tudo, ao essencial.

É curioso notar que o próprio Cristo, em sua imersão nos fluidos terrestres, não cogitou de qualquer problema inoportuno ou inadequado.

Não se sentou na praça pública para explicar a natureza de Deus e, sim, chamou-lhe simplesmente "Nosso Pai", indicando os deveres de amor e reverência com que nos cabe contribuir na extensão e no aperfeiçoamento da Obra divina.

Embora asseverasse que "na casa do Senhor há muitas moradas", não se deteve a destacar pormenores quanto aos habitantes que as povoam.

Não obstante exaltar o reino celeste, nele situando a glória do futuro, não olvidou o reino da Terra, que procurou ajudar com todas as possibilidades de que dispunha.

Curando cegos e leprosos, loucos e paralíticos, deu a entender que vinha não somente regenerar as almas mas também socorrer os corpos enfermos, na recuperação do homem integral.

Não se contentou, porém, com isso.

Em todas as ocasiões, exaltou nossos deveres de amor para com a vida comum.

Recorre à semente de mostarda e à dracma perdida para alinhar preciosos ensinamentos.

Compara o mundo à vinha imensa, onde cada servidor recebe determinada cota de obrigações.

Consagra especial atenção às criancinhas, salientando o amparo que devemos às gerações renascentes.

Nessa mesma esfera de realizações, os princípios do Espiritismo Evangélico se estenderão em favor da humanidade.

Os desencarnados testemunham a sobrevivência individual; depois da morte, provam que a alma se transfere de habitação sem se alterar, de imediato, mas, preconizando o estudo e a fraternidade, a cultura e a santificação, o trabalho e a análise, em obediência a ditames superiores, objetivam, acima de tudo, a melhoria da vida na Terra, a fim de que os homens se façam, efetivamente, irmãos uns dos outros no mundo porvindouro que será, indiscutivelmente, iluminada seção do reino infinito de Deus.

24
O FENÔMENO ESPÍRITA

Em todas as civilizações, o culto dos desencarnados aparece como facho aceso de sublime esperança.

Rápido exame de costumes e tradições de todos os remanescentes da vida primitiva, entre os selvagens da atualidade, nos dará conhecimento de que as mais rudimentares organizações humanas guardam no intercâmbio com os "mortos" suas elementares noções de fé religiosa.

Aparições e vozes, fenômenos e revelações do mundo espiritual assinalam a marcha das tribos e das povoações do princípio.

No Egito, os assuntos ligados à morte assumem especial importância para a civilização. Anúbis, o deus dos sarcófagos, era o guardião das sombras e presidia à viagem das almas para o julgamento que lhes competia no Além.

Na China multimilenária, os antepassados vivem nos alicerces da fé. Em todas as circunstâncias da vida, os Espíritos dos avoengos são consultados pelos descendentes, recebendo orações e promessas, flores e sacrifícios.

Na Índia, encontram nos *rakshasas*, Espíritos maléficos que residem nos sepulcros, os portadores invisíveis de moléstias e aflições.

Os gregos acreditavam-se cercados pelas entidades que nomeavam por "demônios" ou familiares intangíveis, as quais os inspiram na execução de tarefas habituais.

Em Roma, os Espíritos amigos recebem o culto constante da intimidade doméstica, onde são interpretados como divindades menores. Para a antiga comunidade latina, as almas bem-intencionadas, que haviam deixado, na Terra, os traços da sabedoria e da virtude eram os "deuses lares", com recursos de auxiliar amplamente, enquanto que os fantasmas das criaturas perversas eram conhecidos habitualmente por "larvas", cuja aproximação causava dissabores e enfermidades.

Os feiticeiros das tabas primitivas eram, nas civilizações recuadas, substituídos por magos, cujo poder imperava sobre a espada dos guerreiros e sobre a coroa dos príncipes.

E ainda, em todos os acontecimentos religiosos que precederam a vinda do Cristo, a manifestação dos desencarnados ou o fenômeno espírita comparece por vívido clarão da verdade, orientando os sucessos e guiando as supremas realizações do esforço coletivo.

Com a supervisão de Jesus, porém, a marcha da espiritualidade na Terra adquire novas características.

Ele é o disciplinador dos sentimentos, o grande construtor da humanidade legítima.

Por trezentos anos, os discípulos do Senhor sofrem, lutam, sonham e morrem para doar ao mundo a doutrina de luz e amor, com a plena vitória sobre a morte, mas a política do Império Romano reduz, por dezesseis séculos consecutivos, o movimento libertador.

Os séculos, contudo, na eternidade, são simples minutos e, em seguida às sombras da grande noite, o evangelismo puro surge de novo.

Cristianismo – doutrina do Cristo...

Espiritismo – doutrina dos Espíritos...

Volta a influência do Mestre sobre a imensa coletividade humana, constituída por mentes de infinita gradação.

Homens por homens, inteligências por inteligências, incorreríamos talvez no perigo de comprometermos o progresso do mundo, isolados em nossos pontos de vista e em nossas concepções deficitárias; mas, regidos pela infinita Sabedoria, rumaremos para a perfeição espiritual, a fim de que, um dia, despojados em definitivo das escamas educativas da carne, possamos compreender a excelsa palavra da celeste advertência: "Vós sois deuses...".

25
ANTE A VIDA MENTAL

Quando a criatura passa a interrogar o porquê do destino e da dor e encontra a luz dos princípios espiritistas a clarear-lhe os vastos corredores do santuário interno, deve consagrar-se à apreciação do pensamento, quanto lhe seja possível, a fim de iniciar-se na decifração dos segredos que, para nós todos, ainda velam o fulcro mental.

Se as incógnitas do corpo fazem no mundo a paixão da ciência, que designa exércitos numerosos de hábeis servidores para a solução dos problemas de saúde e Genética, reconforto e eugenia, além-túmulo a grandeza da mente desafia-nos todos os potenciais de inteligência, no trato metódico dos assuntos que lhe dizem respeito.

A Psicologia e a Psiquiatria, entre os homens da atualidade, conhecem tanto do espírito quanto um botânico, restrito ao movimento em acanhado círculo de observação do solo, que tentasse julgar um continente vasto e inexplorado por alguns talos de erva, crescidos ao alcance de suas mãos.

Libertos do veículo de carne, quando temos a felicidade de sobrepairar além das atrações de natureza inferior, que, por vezes, nos imantam à crosta da Terra, indefinidamente, compreendemos que o poder mental reside na base de todos os fenômenos e circunstâncias de nossas experiências isoladas ou coletivas.

A mente é manancial vivo de energias criadoras.

O pensamento é substância, coisa mensurável.

Encarnados e desencarnados povoam o planeta na condição de habitantes dum imenso palácio de vários andares, em posições diversas, produzindo pensamentos múltiplos que se combinam, que se repelem ou que se neutralizam.

Correspondem-se as ideias segundo o tipo em que se expressam, projetando raios de força que alimentam ou deprimem, sublimam ou arruínam, integram ou desintegram, arrojados sutilmente do campo das causas para a região dos efeitos.

A imaginação não é um país de névoa, de criações vagas e incertas. É fonte de vitalidade, energia, movimento...

O idealismo operante, a fé construtiva, o sonho que age, são os pilares de todas as realizações.

Quem mais pensa, dando corpo ao que idealiza, mais apto se faz à recepção das correntes mentais invisíveis nas obras do bem ou do mal.

E, em razão dessa lei que preside a vida cósmica, quantos se adaptarem ao reto pensamento e à ação enobrecedora, se fazem preciosos canais da energia divina, a qual, em efusão constante, banha a humanidade em todos os ângulos do globo, buscando as almas evoluídas e dedicadas ao serviço de santificação, convertendo-as em médiuns ou instrumentos vivos de sua exteriorização, para benefício das criaturas e erguimento da Terra ao concerto dos mundos de alegria celestial.

26
AFINIDADE

O homem permanece envolto em largo oceano de pensamentos, nutrindo-se de substância mental, em grande proporção.

Toda criatura absorve, sem perceber, a influência alheia nos recursos imponderáveis que lhe equilibram a existência.

Em forma de impulsos e estímulos, a alma recolhe, nos pensamentos que atrai, as forças de sustentação que lhe garantem as tarefas no lugar em que se coloca.

O homem poderá estender muito longe o raio de suas próprias realizações, na ordem material do mundo, mas, sem a energia mental na base de suas manifestações, efetivamente nada conseguirá.

Sem os raios vivos e diferenciados dessa força, os valores evolutivos dormiriam latentes, em todas as direções.

A mente, em qualquer plano, emite e recebe, dá e recolhe, renovando-se constantemente para o alto destino que lhe compete atingir.

Estamos assimilando correntes mentais, de maneira permanente.

De modo imperceptível, "ingerimos pensamentos", a cada instante, projetando, em torno de nossa individualidade, as forças que acalentamos em nós mesmos.

Por isso, quem não se habilite a conhecimentos mais altos, quem não exercite a vontade para sobrepor-se às circunstâncias de ordem inferior, padecerá, invariavelmente, a imposição do meio em que se localiza.

Somos afetados pelas vibrações de paisagens, pessoas e coisas que nos cercam.

Se nos confiamos às impressões alheias de enfermidade e amargura, apressadamente se nos altera o "tônus mental", inclinando-nos à franca receptividade de moléstias indefiníveis.

Se nos devotamos ao convívio com pessoas operosas e dinâmicas, encontramos valioso sustentáculo aos nossos propósitos de trabalho e realização.

Princípios idênticos regem as nossas relações uns com os outros, encarnados e desencarnados.

Conversações alimentam conversações.

Pensamentos ampliam pensamentos.

Demoramo-nos com quem se afina conosco.

Falamos sempre ou sempre agimos pelo grupo de Espíritos a que nos ligamos.

Nossa inspiração está filiada ao conjunto daqueles que sentem como nós, tanto quanto a fonte está comandada pela nascente.

Somos obsidiados por amigos desencarnados ou não e auxiliados por benfeitores, em qualquer plano da vida, em conformidade com a nossa condição mental.

Daí o imperativo de nossa constante renovação para o bem infinito.

Trabalhar incessantemente é dever.

Servir é elevar-se.

Aprender é conquistar novos horizontes.

Amar é engrandecer-se.

Trabalhando e servindo, aprendendo e amando, a nossa vida íntima se ilumina e se aperfeiçoa, entrando gradativamente em contato com os grandes gênios da imortalidade gloriosa.

27
MEDIUNIDADE

Esmagadora maioria dos estudantes do Espiritismo situam na mediunidade a pedra basilar de todas as edificações doutrinárias, mas cometem o erro de considerar por médiuns tão somente os trabalhadores da fé renovadora com tarefas especiais, ou os doentes psíquicos que, por vezes, servem admiravelmente à esfera das manifestações fenomênicas.

Antes de tudo, é preciso compreender que tanto quanto o tato é o alicerce inicial de todos os sentidos, a intuição é a base de todas as percepções espirituais e, por isso mesmo, toda inteligência é médium das forças invisíveis que operam no setor de atividade regular em que se coloca.

Dos círculos mais baixos aos mais elevados da vida, existem entidades angélicas, humanas e sub-humanas, agindo através da inteligência encarnada, estimulando o progresso e divinizando experiências, brunindo caracteres ou sustentando abençoadas reparações, protegendo a natureza e garantindo as leis que nos governam.

Desvendando conhecimentos novos à humanidade, o Espiritismo incorpora ao nosso patrimônio mental valiosas informações sobre a vida imperecível, indicando a nossa posição de Espíritos imortais em temporário aprendizado, nas classes da raça, da nação e do grupo consanguíneo a que transitoriamente pertencemos na Terra.

Cada individualidade renasce em ligação com os centros de vida invisível do qual procede, e continuará, de modo geral, a ser instrumento do conjunto em que mantém suas concepções e seus pensamentos habituais. Se deseja, porém, aproveitar a contribuição que a escola sublime do mundo lhe oferece, em seus cursos diversos de preparação e aperfeiçoamento, aplicando-se à execução do bem, nos menores ângulos do caminho, adquirindo mais amplas provisões de amor e sabedoria, é aceita pelos grandes benfeitores do mundo, nos quadros da evolução humana, por intérprete da assistência divina, onde quer que se encontre, seja na construção do patrimônio de conforto material ou na santificação da alma eterna.

É necessário, contudo, reconhecer que, na esfera da mediunidade, cada servidor se reveste de características próprias.

O conteúdo sofrerá sempre a influenciação da forma e da condição do recipiente.

Essa é a lei do intercâmbio.

Uma taça não guardará a mesma quantidade de água, suscetível de ser sustentada numa caixa com capacidade para centenas de litros.

O perfume conservado no frasco de cristal puro não será o mesmo quando transportado num vaso guarnecido de lodo.

O sábio não poderá tomar uma criança para confidente, embora a criança, invariavelmente, detenha consigo tesouros de pureza e simplicidade que o sábio desconhece.

Mediunidade, pois, para o serviço da Revelação divina reclama estudo constante e devotamento ao bem para o indispensável enriquecimento de ciência e virtude.

A ignorância poderá produzir indiscutíveis e belos fenômenos, mas só a noção de responsabilidade, a consagração sistemática ao progresso de todos, a bondade e o conhecimento conseguem materializar na Terra os monumentos definitivos da felicidade humana.

28
SINTONIA

As bases de todos os serviços de intercâmbio, entre os desencarnados e encarnados, repousam na mente, não obstante as possibilidades de fenômenos naturais, no campo da matéria densa, levados a efeito por entidades menos evoluídas ou extremamente consagradas à caridade sacrificial.

De qualquer modo, porém, é no mundo mental que se processa a gênese de todos os trabalhos da comunhão de Espírito a Espírito.

Daí procede a necessidade de renovação idealística, de estudo, de bondade operante e de fé ativa, se pretendemos conservar o contato com os Espíritos de grande luz.

Simbolizemos nossa mente como uma pedra inicialmente burilada. Tanto quanto a do animal, pode demorar-se, por muitos séculos, na ociosidade ou na sombra, sob a crosta dificilmente permeável de hábitos nocivos ou de impulsos degradantes; mas se a expomos ao sol da experiência, aceitando os atritos, as lições, os dilaceramentos e as dificuldades do caminho por golpes abençoados do buril da vida, esforçando-nos por aperfeiçoar o conhecimento e melhorar o coração, tanto quanto a pedra burilada reflete a luz, certamente nos habilitamos a receber a influência dos grandes gênios da sabedoria e do amor, gloriosos expoentes da imortalidade vitoriosa, convertendo-nos em valiosos instrumentos da obra assistencial do Céu, em favor do reerguimento de nossos irmãos menos favorecidos e para a elevação de nós mesmos às regiões mais altas.

A fim de atingirmos tão alto objetivo é indispensável traçar um roteiro para a nossa organização mental, no infinito bem, e segui-lo sem recuar.

Precisamos compreender — repetimos — que os nossos pensamentos são forças, imagens, coisas e criações visíveis e tangíveis no campo espiritual.

Atraímos companheiros e recursos, em conformidade com a natureza de nossas ideias, aspirações, invocações e apelos.

Energia viva, o pensamento desloca, em torno de nós, forças sutis, construindo paisagens ou formas e criando centros magnéticos ou ondas, com os quais emitimos a nossa atuação ou recebemos a atuação dos outros.

Nosso êxito ou fracasso depende da persistência ou da fé com que nos consagramos mentalmente aos objetivos que nos propomos alcançar.

Semelhante lei de reciprocidade impera em todos os acontecimentos da vida.

Comunicar-nos-emos com as entidades e os núcleos de pensamentos com os quais nos colocarmos em sintonia.

Nos mais simples quadros da natureza, vemos manifestado o princípio da correspondência.

Um fruto apodrecido ao abandono estabelece no chão um foco infeccioso que tende a crescer, incorporando elementos corruptores.

Exponhamos a pequena lâmina de cristal, limpa e bem cuidada, à luz do dia, e refletirá infinitas cintilações do Sol.

Andorinhas seguem a beleza da primavera.

Corujas acompanham as trevas da noite.

O mato inculto asila serpentes.

A terra cultivada produz o bom grão.

Na mediunidade, essas leis se expressam ativas.

Mentes enfermiças e perturbadas assimilam as correntes desordenadas do desequilíbrio, enquanto a boa vontade e a boa intenção acumulam os valores do bem.

Ninguém está só.

Cada criatura recebe de acordo com aquilo que dá.

Cada alma vive no clima espiritual que elegeu, procurando o tipo de experiência em que situa a própria felicidade.

Estejamos, assim, convictos de que os nossos companheiros na Terra ou no Além são aqueles que escolhemos com as nossas solicitações interiores, mesmo porque, segundo o antigo ensinamento evangélico, "teremos nosso tesouro onde colocarmos o coração".

29
ALÉM DA MORTE

O reino da vida além da morte não é domicílio do milagre.

Passa o corpo em trânsito para a natureza inferior que lhe atrai os componentes, entretanto, a alma continua na posição evolutiva em que se encontra.

Cada inteligência apenas consegue alcançar a periferia do círculo de valores e imagens dos quais se faz o centro gerador.

Ninguém pode viver em situação que ainda não concebe.

Dentro de nossa capacidade de autoprojeção, erguem-se os nossos limites.

Em suma, cada ser apenas atinge a vida até onde possa chegar a onda do pensamento que lhe é próprio.

A mente primitivista de um mono, transposto o limiar da morte, continua presa aos interesses da furna que lhe consolidou os hábitos instintivos.

O índio desencarnado dificilmente ultrapassa o âmbito da floresta que lhe acariciou a existência.

Assim também, na vastíssima fauna social das nações, cada criatura dita civilizada, além do sepulcro, circunscreve-se ao círculo das concepções que, mentalmente, pode abranger.

A residência da alma permanece situada no manancial de seus próprios pensamentos.

Estamos naturalmente ligados às nossas criações.

Demoramo-nos onde supomos o centro de nossos interesses.

Facilmente explicável, assim, a continuidade de nossos hábitos e tendências além da morte.

A escravidão ou a liberdade residem no imo de nosso próprio ser.

Corre a fonte, sob a emanação de vapores de sua própria corrente.

Vive a árvore rodeada pelos fluidos sutis que ela mesma exterioriza, através das folhas e das resinas que lhe pendem dos galhos e do tronco.

Permanece o charco debaixo da atmosfera pestilencial que ele mesmo alimenta, e brilha o jardim sob as vagas do perfume que produz.

Assim também a Terra, com o seu corpo ciclópico, arrasta consigo, na infinita paisagem cósmica, o ambiente espiritual de seus filhos.

Atravessado o grande umbral do túmulo, o homem deseducado prossegue reclamando aprimoramento.

A criatura viciada continua exigindo satisfação aos apetites baixos.

O cérebro desvairado, entre indagações descabidas, não foge, de imediato, ao poço de obscuridades em que se submergiu.

E a alma de boa vontade encontra mil recursos para adiantar-se na senda evolutiva, amparando o próximo e descobrindo na felicidade dos outros a própria felicidade.

Em razão das leis que nos governam a vida, nem sempre o mensageiro que regressa do país da morte procede de planos superiores e nem a mediunidade será sinônimo de sublimação.

Determinadas inteligências desencarnadas se comunicam com determinados instrumentos mediúnicos.

Os habitantes de outras esferas buscam no mundo aqueles com os quais simpatizam e a mente encarnada aceita a visita das entidades com as quais se afina.

A necessidade do Evangelho, portanto, como estatuto de edificação moral dos fenômenos espíritas, é impositivo inadiável. Com a Boa-Nova, no mundo abençoado e fértil de nossa Doutrina de luz e amor, possuímos a estrada real para a nossa romagem de elevação.

30
RENOVAÇÃO

As revelações dos Espíritos convidam naturalmente a ideais mais elevados, a propósitos mais edificantes.

Para as inteligências realmente dispostas à renunciação da animalidade, são elas sublime incentivo à renovação interior, modificando a estrutura fluídica do ambiente mental que lhes é próprio.

Se a civilização exige o desbravamento da mata virgem para que cidades educadas surjam sobre o solo e para que estradas livres se rasguem soberanas, é indispensável a eliminação de todos os obstáculos, à custa do sacrifício daqueles que se devotam ao apostolado do progresso.

A humanidade atual, em seu aspecto coletivo, considerada mentalmente, ainda é a floresta escura, povoada de monstruosidades.

Se nos fundamentos evolutivos da organização planetária encontramos os animais pré-históricos oferecendo a predominância do peso e da ferocidade sobre quaisquer outros característicos, nos alicerces da civilização do Espírito ainda perseveram os grandes monstros do pensamento, constituídos por energias fluídicas, emanadas dos centros de inteligência que lhes oferecem origem.

Temos, assim, dominando ainda a formação sentimental do mundo, os mamutes da ignorância, os megatérios da usura, os iguanodontes da vaidade ou os dinossauros da vingança, da barbárie, da inveja ou da ira.

As energias mentais dos habitantes da Terra tecem o envoltório que os retém à superfície do globo. Raros são aqueles cuja mente vara o teto sombrio com os raios de luz dos sentimentos sublimados que lhes fulguram no templo íntimo.

O pensamento é o gerador dos infracorpúsculos ou das linhas de força do mundo subatômico, criador de correntes de bem ou de mal, grandeza ou decadência, vida ou morte, segundo a vontade que o exterioriza e dirige. E a moradia dos homens ainda está mergulhada em fluidos ou em pensamentos vivos e semicondensados de estreiteza espiritual, brutalidade, angústia, incompreensão, rudeza, preguiça, má vontade, egoísmo, injustiça, crueldade, separação, discórdia, indiferença, ódio, sombra e miséria...

Com a demonstração da sobrevivência da alma, porém, a consciência humana adquire domínio sobre as trevas do instinto, controlando a corrente dos desejos e dos impulsos, soerguendo as aspirações da criatura para níveis mais altos.

Os corações despertados para a verdade começam a entender as linhas eternas da justiça e do bem. A voz do Cristo é ouvida sob nova expressão na mais profunda acústica da alma.

Quem acorda converte-se num ponto de luz no serro denso da humanidade, passando a produzir fluidos ou forças de regeneração e redenção, iluminando o plano mental da Terra para a conquista da vida cósmica no grande futuro.

Em verdade, pois, nobre é a missão do Espiritismo, descortinando a grandeza da Universalidade divina à acanhada visão terrestre; no entanto, muito maior e muito mais sublime é a missão do nosso ideal santificante com Jesus para o engrandecimento da própria Terra, a fim de que o planeta se divinize para o reino do amor universal.

31
DESAJUSTE APARENTE

Há quem afirme que a Doutrina dos Espíritos é viveiro de crentes indisciplinados, pelo excesso das interpretações e pelo arraigado individualismo dos pontos de vista. Outros proclamam que a Nova Revelação desloca a vida mental daqueles que a esposam, compelindo-os à renunciação.

Tais enunciados, porém, não encontram guarida nos fundamentos da verdade.

O Espiritismo, naturalmente, amplia os horizontes do ser.

A visão mais segura do universo e a mais alta concepção da justiça dilatam na mente a sede de libertação para mais altos voos do Espírito, e a compreensão mais clara, aliando-se à mais viva noção de responsabilidade, estabelece sublimes sentimentos para a alma, renovando os centros de interesse para o campo íntimo, que se vê, de imediato, atraído para problemas que transcendem a experiência vulgar.

Realmente, para quem estima os padrões convencionalistas, com plena adaptação ao menor esforço, não será fácil manejar caracteres livres, nos domínios da fé, porque os desvairamentos da personalidade invariavelmente nos espreitam, tentando-nos a impor sobre outrem o tacão do nosso modo de ser.

Dentro da Nova Revelação, todavia, não há lugar para qualquer processo de cristalização dogmática ou de tirania intelectual.

A imortalidade desvendada convida o homem a afirmar-se e o centro espiritual do aprendiz desloca-se para interesses que transcendem a esfera comum.

As inteligências de todos os tipos, tanto quanto os mundos, gravitam em torno de núcleos de força que as influenciam e sustentam.

O panorama do infinito, descortinado ao homem por nosso ideal, atrai o cérebro e o coração para outros poderes, e a criatura encarnada, imperceptivelmente induzida a operar em serviços diferentes, parece desajustada e sedenta à procura de valores efetivamente importantes para os seus destinos na vida eterna.

As escolas religiosas, oficializadas ou organizadas, presas a imperativos de estabilidade econômica, habitualmente gravitam em derredor da riqueza perecível ou da autoridade temporal da Terra e jazem magnetizadas pela ideia de domínio e influência, que, no mundo, facilitam a solidariedade e a união, uma vez que a maioria dos Espíritos encarnados, ainda cegos para a divina Luz, reúnem-se e obedecem alegremente, ao redor do ouro ou do comando sobre os mais fracos.

Mas no Espiritismo é difícil aglutinar caracteres libertados, sob o estandarte nivelador da convenção.

Assim como aconteceu nos trezentos anos que antecederam a escravização política do Evangelho redentor, o discípulo da nossa Doutrina Consoladora pretende encontrar um caminho de acesso à vida superior.

Aceita as facilidades humanas – para dar com largueza e desprendimento da posse.

Disputa o contentamento de trabalhar – para servir.

Busca a liberdade – para submeter-se às obrigações que lhe cabem.

Adquire luz – para ajudar na extinção das trevas.

"Está no mundo sem ser do mundo."

É alguém que, em negando a si mesmo, busca o Mestre da Verdade, recebendo, de boa vontade, a cruz do próprio sacrifício para a jornada de ressurreição.

E demorando-se cada discípulo em esfera variada de trabalho, observamos que eles todos, à maneira de viajores, peregrinando escada acima — cada qual contemplando a vida e a paisagem do degrau em que se encontra —, oferecem o espetáculo de almas em desajuste e extremamente separadas entre si, porquanto os habitantes do vale ou da planície, acostumados aos mesmos quadros de cada dia, com a repetição das mesmas nuanças de claridade solar, não conseguem esquecer, de improviso, as velhas atitudes de muito tempo e nem podem entender o roteiro dos que se desinteressam da ilusão, caminhando, em sentido contrário ao deles, ao encontro de outra luz.

32
COLABORAÇÃO

Em sua condição de movimento renovador das consciências, a Nova Revelação vem despertar o homem para o lugar determinado que a Providência lhe confere, esclarecendo-o, acima de tudo, de que o egoísmo, filho da ignorância e responsável pelos desvarios da alma, é perigosa ilusão. Trazendo-nos a chave dos princípios religiosos, vem compelir-nos à observância das leis mais simples da vida, revelando-nos o impositivo de colaboração a que não conseguiremos fugir.

A vida, pródiga de sabedoria em toda parte, demonstra o princípio da cooperação em todos os seus planos.

O verme enriquece a terra, e a terra sustenta o verme.

A fonte auxilia as árvores, e as árvores conservam a fonte.

O solo ampara a semente, e a semente valoriza o solo.

As águas formam as nuvens, e as nuvens alimentam as águas.

A abelha ajuda a fecundação das flores, e as flores contribuem com as abelhas no fabrico do mel.

Um pão singelo é gloriosa síntese do trabalho de equipe da natureza. Sem as lides da sementeira, sem as dádivas do Sol, sem as bênçãos da chuva, sem a defesa contra os adversários da lavoura, sem a assistência do homem, sem o concurso do moinho e sem o auxílio do forno, o pão amigo deixaria de existir.

Um casaco inexpressivo é fruto do esforço conjugado do fio, do tear, da agulha e do alfaiate, solucionando o problema da vestidura.

Assim como acontece na esfera das realizações materiais, a Nova Revelação convida-nos, naturalmente, a refletir sobre a função que nos cabe na ordem moral da vida.

Cada criatura é peça significativa na engrenagem do progresso.

Todos possuímos destacadas obrigações no aperfeiçoamento do Espírito.

Alma sem trabalho digno é sombra de inércia no concerto da harmonia geral.

Cérebros e corações, mãos e pés, em disponibilidade, palavras ocas e pensamentos estanques constituem congelamento deplorável do serviço da evolução.

A vida é a força divina que marcha para diante.

Obstruir-lhe a passagem, desequilibrar-lhe os movimentos, menoscabar-lhe os dons e olvidar-lhe o valor é criar aflição e sofrimento que se voltarão, agora ou mais tarde, contra nós mesmos.

Precatem-se, portanto, aqueles que julgam encontrar na mensagem do Além o elixir do êxtase preguiçoso e improdutivo.

O mundo espiritual não abriria suas portas para consagrar a ociosidade.

As almas que regressam do túmulo indicam a cada companheiro da Terra a importância da existência na carne, acordando-lhe na consciência não só a responsabilidade de viver, mas também a noção do serviço incessante do bem como norma de felicidade imperecível.

33
INDIVIDUALISMO

Em contato com os ideais da Revelação Nova, o homem, sentindo dilatar-se-lhe naturalmente a visão, começa a perceber, com mais amplitude, os problemas que o cercam.

Aguça-se-lhe a sensibilidade, intensifica-se-lhe a capacidade de amar. Converte-se-lhe o coração em profundo estuário espiritual, em que todas as dores humanas encontram eco.

Por isso mesmo, acentuam-se-lhe os sofrimentos, uma vez que as suas aspirações não surpreendem qualquer sintonia nos planos inferiores em que ainda respira.

Desejaria o aprendiz acompanhar-se por todos aqueles que ama na caminhada para a vida superior, entretanto, à medida que se adianta em conhecimentos e se sutiliza em sensações, reconhece quase sempre que os amados se fazem dele mais distantes.

Aqui, é a companheira que persevera em rumo diferente, além, é o coração paternal que, por afetividade mal dirigida, dificulta a ascensão para a luz... Ontem, era um filho a golpear-lhe as fibras mais íntimas; hoje, é um amigo que deserta...

Se o discípulo não se rende à perturbação e ao desânimo, gradativamente começa a compreender que está sozinho, em si mesmo, para aprender e ajudar, entendendo, outrossim, que na boa vontade e no sacrifício adquire valores eternos para si próprio.

Quanto mais cede a favor de todos, mais é compensado pela Lei divina, que o enriquece de força e alegria no grande silêncio.

Na marcha diária, chega à conclusão de que o individualismo ajustado aos princípios inelutáveis do bem é a base do engrandecimento da coletividade. Reconhece que o Espírito foi criado para viver em comunhão com os semelhantes, que é a unidade de um todo em processo de aperfeiçoamento e que não pode fugir, sem dano, à cooperação, mas, à maneira da árvore no reino vegetal, precisa crescer e auxiliar com eficiência para garantir a estabilidade do campo e fazer-se respeitável.

Ninguém vive só, mas chega sempre um momento para a alma em que é imprescindível saber lutar em solidão para viver bem.

Para valorizar o celeiro e enriquecer a mesa, a semente descansa entre milhões de outras que com ela se identificam; todavia, quando chamada a produzir com a vida para o conforto geral, deve aprender a estar isolada no seio frio da terra, desvencilhando-se dos envoltórios inferiores, como se estivesse reduzida a lodo e morte, a fim de estender novos ramos e elevar-se para o Sol.

Sem o indivíduo forte e sábio, a multidão agitar-se-á sempre entre a ignorância e a miséria.

Esforço e melhoria da unidade, para o progresso e sublimação do todo, é uma lei.

A navegação a vapor, atualmente, é patrimônio geral, mas devemo-la ao trabalho de Fulton.

A imprensa de hoje é força direcional de primeira ordem, contudo, não podemos olvidar o devotamento de Gutenberg, que lhe amparou os passos iniciantes.

A luz elétrica, nos dias que passam, é questão resolvida, no entanto, a Edison coube a honra de sofrer para que semelhante bênção desintegrasse as noites do mundo.

A locomotiva, agora, é máquina vulgar, mas no princípio dela temos a dedicação de Stephenson.

Na Terra, surgira Newton, invariável, à frente de todos os conhecimentos alusivos à gravitação universal, e o nome de Marconi jamais será apagado na base das comunicações sem fio.

Cada flor irradia perfume característico.

Cada estrela possui brilho próprio.

Cada um de nós é portador de determinada missão.

O Espiritismo, confirmando o Evangelho, vem amparar o homem e convidá-lo a aprimorar-se e engrandecer-se, consoante a sabedoria da Lei que determina: "a cada um, segundo as suas obras".

34
OBSERVAÇÕES

Quase todos os que se abeiram das atividades espíritas estimariam o desenvolvimento rápido das faculdades psíquicas de que são portadores, e, por vezes, quando não atendidos, padecem nocivo arrefecimento de ideal.

Esmaece o fervor dos primeiros contatos com a fé, porque o propósito fixo de surpreenderem o milagre transforma-se neles em aflitiva obsessão.

Contudo, há singularidades no assunto que não podemos menosprezar.

Que seria da ordem e do equilíbrio dos serviços terrestres, se a totalidade das criaturas, instruídas ou não, se pusessem a investigar quanto à vida nos outros mundos?

Toda colheita exige preparação e sementeira.

Imaginemos um avião moderno, perfeitamente equipado, sobrevoando pacífico vilarejo do século XIV, sem aviso prévio. Que lucraria a ciência náutica, de imediato, senão espalhar o terror? Que recompensa adviria em nosso favor, se constrangêssemos uma taba indígena a ouvir um concerto de Paganini, sem lhe oferecer os rudimentos da educação musical?

O progresso, como a luz, precisa graduar-se para não ferir ou cegar as pupilas que o contemplam.

Compreendamos, acima de tudo, que a existência não é fenômeno que se articule à revelia dos grandes responsáveis pela evolução.

A liberdade do homem ainda está longe de atingir os princípios cósmicos que nos presidem os destinos.

A inteligência humana interferirá nos domínios da matéria densa, alterando o que pode ver; todavia, jaz extremamente distante das regiões do Espírito puro, onde se guarda o controle das Leis universais.

Desdobrando novos painéis da vida diante da mente sequiosa de conhecimento e renovação, não é o mundo espiritual que deve descer para o homem e sim o homem que precisa elevar-se ao encontro dele.

E semelhante ascensão não será simples serviço da mediunidade espetacular. É obra de sublimação interior, gradativa e constante, sobre os alicerces do bem, ao alcance de todos.

As portas do tesouro psíquico estão vigiadas com segurança.

A direção de uma central elétrica não pode ser confiada às frágeis mãos de um menino.

Como conferir, de improviso, ao primeiro candidato à prosperidade mediúnica a chave dos interesses fundamentais e particulares de milhões de almas, colocadas nos mais variados planos da escada evolutiva?

Naturalmente que as grandes responsabilidades não são inacessíveis, mas a criança precisa crescer para integrar-se em serviços complexos; e o colaborador iniciante, em qualquer realização, necessita do tempo e do esforço a fim de converter-se em auxiliar prestimoso.

Nos problemas de intercâmbio com a esfera superior, desse modo, antes do progresso medianímico, há que considerar o aprimoramento da personalidade para melhor se ajustar à obra de perfeição geral.

O grande rio, sem leito adequado, em vez de correr, beneficiando a paisagem, encharca o solo, transformando-o em pântano letal.

A ponte quebradiça não suporta a passagem das máquinas de grande porte.

A mediunidade, como recurso de influenciar para o bem, não se manifesta sem instrumento próprio.

Só o grande amor pode compreender as necessidades de todos. Só a grande boa vontade pode trabalhar e aprender incessantemente para servir sem distinção.

Antes de nos mediunizarmos, amemos e eduquemo-nos. Somente assim receberemos das ordenações de mais alto o verdadeiro poder de ajudar.

35
ENTRE AS FORÇAS COMUNS

Indiscutivelmente a mediunidade, no aspecto em que a conhecemos na Terra, é a resultante de extrema sensibilidade magnética, embora, no fundo, estejamos informados de que os dons mediúnicos, em graus diversos, são recursos inerentes a todos.

Cada ser é portador de certas atividades, e, por isso mesmo, é instrumento da vida.

A luz nasce da chama sem ser a chama.

O perfume vem da flor sem ser a flor.

A claridade do núcleo luminoso une-se a radiações do ambiente e o aroma da rosa mistura-se a emanações do meio, dando origem a variadas criações.

Assim também o pensamento invisível do homem associa-se ao invisível pensamento das entidades espirituais que o assistem, estabelecendo múltiplas combinações em benefício do trabalho de todos, na evolução geral.

Importa reconhecer, porém, que existem mentes reencarnadas, em condições especialíssimas, que oferecem qualidades excepcionais para os serviços de intercâmbio entre os vivos da carne e os vivos do Além. Nestas circunstâncias, identificamos os medianeiros adequados aos fenômenos de manifestação do Espírito liberto, nos círculos de matéria mais densa.

Contudo, nem sempre os donos dessas energias são mensageiros da sublimação interior.

Na extensa comunidade de almas da Terra avultam, em maioria, as consciências ainda enfermiças, por moralmente endividadas com a Lei divina; consequentemente, a maior parte das organizações medianímicas, no planeta, não podem escapar a essa regra.

Mais de 2/3 dos médiuns do mundo jazem, ainda, nas zonas de desequilíbrio espiritual, sintonizados com as inteligências invisíveis que lhes são afins. Reclamam, em razão disso, estudo e boa vontade no serviço do bem, a fim de retomarem a subida harmônica aos cimos da luz; assim como os cooperadores de qualquer instituição respeitável da Terra, necessitam de exercício constante no trabalho esposado para crescerem na competência e no crédito moral.

Ninguém se esqueça de que estamos assimilando incessantemente as energias mentais daqueles com quem nos colocamos em relação.

E, além disso, estamos sempre em contato com o que podemos nomear de "geradores específicos de pensamento". Através deles, outras inteligências atuam sobre a nossa.

Um livro, um laço afetivo, uma reunião ou uma palestra são geradores dessa classe. Aquilo que lemos, as pessoas que estimamos, as assembleias que contam conosco e aqueles que ouvimos influenciam decisivamente sobre nós.

Devemos ajudar a todos, mas precisamos selecionar os ingredientes de nossa alimentação mais íntima.

Certo, não podemos menosprezar o nosso irmão que se arrojou aos despenhadeiros do crime, constituindo simples dever nosso o auxílio objetivo em favor do reajuste e soerguimento dele, todavia, não podemos absorver-lhe as amarguras e os remorsos, que se dirigem à natural extinção.

Visitaremos o enfermo, encorajando-o e levantando-lhe o bom ânimo, contudo, não será aconselhável adquirir-lhe as sensações desequilibrantes, que precisam desaparecer, tanto quanto os detritos de casa que nos cabe eliminar.

A obra da caridade tudo transforma em favor do bem.

A atitude é oração. E, pela atitude, mostramos a qualidade de nossos desejos.

Os pensamentos honestos e nobres, sadios e generosos, belos e úteis, fraternos e amigos, são a garantia do auxílio positivo aos outros e a nós mesmos.

Quanto mais nos adiantamos na ciência do Espírito, mais entendemos que a vida nos responde em conformidade com as nossas indagações.

O princípio dos "semelhantes com os semelhantes" é indefectível em todos os planos do universo.

Caminhamos ao encontro de nós mesmos e, por isso, surpreendemos invariavelmente conosco aqueles que sentem com o nosso coração e pensam com a nossa cabeça.

Os médiuns, em qualquer região da vida, filtros que são de rogativas e respostas, precisam, pois, acordar para a realidade de que viveremos sempre em companhia daqueles que buscamos, uma vez que, por toda parte, respiramos ajustados ao nosso campo de atração.

36
DESENVOLVIMENTO PSÍQUICO

Tentando definir a mediunidade, podemos ainda interpretá-la como sendo a capacidade de fazer-se intermediário entre pessoas e regiões distintas. E, assim como existem agentes de variada espécie para variados assuntos da vida humana, temos medianeiros de especialidades múltiplas para a vida espiritual.

Informados hoje de que a morte física não expressa sublimação, não podemos assim admitir que o desenvolvimento das faculdades psíquicas constitua, por si, credencial de superioridade.

Daí o imperativo de fixarmos no aprimoramento pessoal a condição primária do êxito em qualquer tarefa de intercâmbio.

Aqui encontramos clarividentes notáveis e Além somos defrontados por excelentes médiuns falantes, mas se aquele que vê não possui discernimento para o esforço de seleção e se aquele que se faz portador do verbo não consegue auxiliar a obra de esclarecimento construtivo, o trabalho de transmissão sofre naturalmente consideráveis prejuízos, desajudando em vez de ajudar.

Nesse sentido, somos obrigados a reconhecer que o espírito do Cristianismo jamais foi alterado, em sua pureza essencial, mas os representantes ou medianeiros dele, no curso dos séculos, impuseram-lhe cultos, interpretações, aspectos e atividades simplesmente artificiais.

O médium de agora deve exprimir-se em mais altos níveis.

Acham-se, frente a frente, os dois grandes grupos da humanidade — encarnados e desencarnados —, e, em ambos, persistem os "altos e baixos" do mundo moral...

Se o intermediário entre eles não se aperfeiçoa convenientemente, permanece na posição do aprendiz retardado, por tempo indefinível, nas letras iniciantes, quando lhe constitui obrigação avançar sempre, na direção da sabedoria.

O artista é o representante da música.

O violino é o instrumento.

Mas se o violino aparece irremediavelmente desajustado, como se revelar o portador da melodia?

A força elétrica é o reservatório de poder.

A lâmpada é o recipiente da manifestação luminosa.

Mas se a lâmpada estiver quebrada, como aproveitar a energia para expulsar as trevas?

O benfeitor espiritual é o mensageiro da perfeição e da beleza.

O homem é o veículo de sua presença e intervenção.

Todavia, se o homem está mergulhado no desespero ou no desalento, na indisciplina ou no abuso, como desempenhar a função de refletor dos emissários divinos?

Há muita gente que se reporta ao automatismo e à inconsciência nos estudos da mediunidade, perfeitamente cabíveis no círculo dos fenômenos. Não podemos olvidar, entretanto, que o serviço de elevação exige esforço e boa vontade, vigilância e compreensão daquele que o executa, a fim de que a tarefa espiritual se sustente em voo ascensional para os cimos da vida.

Por esse motivo, quem se disponha a cooperar em semelhante ministério, precisará buscar no bem a sua própria razão de ser.

Amando, arrancamos no caminho as mais belas notas de simpatia e fraternidade, que constituem vibrações positivas de auxílio e apoio, na edificação que nos compete efetuar.

A bondade e o entendimento para com todos representam o roteiro único para crescermos em aprimoramento dos dons psíquicos de que somos portadores, de modo a assimilarmos as correntes santificantes dos planos superiores, em marcha para a consciência cósmica.

Não há bom médium, sem homem bom.

Não há manifestação de grandeza do Céu, no mundo, sem grandes almas encarnadas na Terra.

Em razão disso, acreditamos que só existe verdadeiro e proveitoso desenvolvimento psíquico se estamos aprendendo a estudar e servir.

37
EXPERIMENTAÇÃO

Sabendo que a força mental é energia atuante e que os pensamentos são recursos objetivos, é imperioso reconhecer que a experimentação nos domínios do psiquismo exige noção de responsabilidade, perante a vida, para que o êxito seja a resposta justa às indagações sinceras.

Um lavrador bem avisado investiga o solo, plantando com devoção e confiança. Não se ri do pedregulho. Afasta-o, atencioso. Não ironiza o espinheiro. Remove-o, a benefício da lavoura que lhe é própria. Não goza com o duelo entre os grelos tenros e os vermes destruidores. Combate os insetos devoradores com vigilância e serenidade, defendendo o futuro do bom grão.

Não acontece assim, na Terra, com a maioria dos pesquisadores da espiritualidade.

A pretexto de se garantirem contra a mistificação, espalham duros obstáculos sobre a gleba moral onde operam com a charrua da observação e, por isso, muitas vezes inutilizam seus próprios instrumentos de trabalho, antes de qualquer resultado.

Transformam companheiros em cobaias, exigem dos outros qualidades que eles mesmos não possuem, tratam com deliberado desprezo o pequenino embrião da realidade e acabam, habitualmente, na negação, incapazes de penetrar o templo do Espírito.

Importa reconhecer que o fruto é sempre a vitória do esforço de equipe. Sem a árvore que o mantém, sem a terra que sustenta a árvore, sem as águas que alimentam o solo e sem as chuvas que regeneram a fonte, jamais ele apareceria.

Sem trilhos, não corre a locomotiva.

O avião não prestaria serviço ao homem sem o campo de aterrissagem.

As revelações do Céu reclamam base para se fixarem na Terra.

Geralmente, quem procura notícias da vida invisível integra-se num círculo de pessoas, com as quais se devota ao cometimento. Quase sempre, no entanto, espera a colaboração alheia, sistematicamente, sem oferecer de si mesmo senão reiteradas reclamações.

A natureza, todavia, revela a necessidade de colaboração em suas mais humildes atividades.

Um simples bolo pede ingredientes sadios para materializar-se com proveito. Se diminuta porção de veneno aparece ligada à farinha, o conjunto intoxica em vez de nutrir.

Quem deseja inundar-se de claridade espiritual que traga consigo o combustível apropriado.

Não adquirimos a confiança usando o sarcasmo, nem compramos a simpatia distribuindo marteladas, indiscriminadamente.

O grande rio é a reunião de córregos pequeninos.

A cidade não se levanta de improviso.

Todas as realizações pedem começo com segurança.

Um erro quase imperceptível de cálculo pode comprometer a estabilidade de um edifício.

A experimentação psíquica, realmente, não caminha com firmeza sem os alicerces morais da consciência enobrecida.

Cada espírito humano — microcosmo do universo — irradia e absorve. Emitir a leviandade e a cobiça, o ciúme e o egoísmo, a vaidade e a ferocidade, através da atitude menos digna ou da crítica destruidora é amontoar trevas em torno dos próprios olhos.

Ninguém fará luz dentro da noite estragando a lâmpada, embora o centro de força continue existindo.

Ninguém recolherá água pura num poço terrestre trazendo à tona o lodo que descansa no fundo.

Não se colhe a verdade na vida como quem engaiola uma ave na floresta.

A verdade é luz. Somente o coração alimentado de amor e o cérebro enriquecido de sabedoria podem refletir-lhe a grandeza.

38
MISSÃO DO ESPIRITISMO

A missão do Espiritismo, tanto quanto o ministério do Cristianismo, não será destruir as escolas de fé até agora existentes.

Cristo acolheu a revelação de Moisés.

A Doutrina dos Espíritos apoia os princípios superiores de todos os sistemas religiosos.

Jesus não critica a nenhum dos Profetas do Velho Testamento. O Consolador Prometido não vem para censurar os pioneiros desta ou daquela forma de crer em Deus.

O Espiritismo é, acima de tudo, o processo libertador das consciências, a fim de que a visão do homem alcance horizontes mais altos.

Há milênios, a mente humana gravita em derredor de patrimônios efêmeros, quais sejam os da precária posse física, atormentada por pesadelos carnais de variada espécie. Guerras de todos os matizes consomem-lhe as forças. Flagelos de múltiplas expressões situam-lhe a existência em limitações aflitivas e dolorosas.

Com a morte do corpo, não atinge a liberação. Além-túmulo, prossegue atenta às imagens que a ilusão lhe armou ao caminho, escravizada a interesses inconfessáveis. Em plena vida livre guarda, ordinariamente, a posição da criatura que venda os olhos e marcha, impermeável e cega, sob pesadas cargas a lhe dobrarem os ombros.

A obstinação em disputar satisfações egoísticas entre os companheiros da carne constitui-lhe deplorável inibição; e os preconceitos ruinosos, os terríveis enganos do sentimento, os pontos de vista pessoais, as opiniões preconcebidas, as paixões desvairadas, os laços enfermiços, as concepções cristalizadas, os propósitos menos dignos, a imaginação intoxicada e os hábitos perniciosos representam fardos enormes que constrangem a alma ao passo vacilante, de atenção voltada para as experiências inferiores.

A nova fé vem alargar-lhe a senda para mais elevadas formas de evolução. Chave de luz para os ensinamentos do Cristo, explica o Evangelho não como um tratado de regras disciplinares, nascidas do capricho humano, mas como a salvadora mensagem de fraternidade e alegria, comunhão e entendimento, abrangendo as leis mais simples da vida.

Aparece-nos, então, Jesus, em maior extensão de sua glória. Não mais como um varão de angústia, insinuando a necessidade de amarguras e lágrimas e sim na altura do herói da bondade e do amor, educando para a felicidade integral, entre o serviço e a compreensão, entre a boa vontade e o júbilo de viver.

Nesse aspecto, vemo-lo como o maior padrão de solidariedade e gentileza, apagando-se na manjedoura, irmanando-se com todos na praça pública e amparando os malfeitores na cruz, à extrema hora de passagem para a divina ressurreição.

O Espiritismo será, pois, indiscutivelmente, a força do Cristianismo em ação para reerguer a alma humana e sublimar a vida.

O espaço infinito, pátria universal das constelações e dos mundos, é, sem dúvida, o clima natural de nossas almas, entretanto, não podemos esquecer que somos filhos, devedores, operários ou companheiros da Terra, cujo aperfeiçoamento constitui o nosso trabalho mais imediato e mais digno.

Esqueçamos, por agora, o paraíso distante para ajudar na construção do nosso próprio céu. Interfiramos menos na regeneração dos outros e cogitemos mais de nosso próprio reajuste perante a Lei do bem eterno, e, servindo incessantemente com a nossa fé à vida que nos rodeia, a Vida, por sua vez, nos servirá, infatigável, convertendo a Terra em estação celestial de harmonia e luz para o acesso de nosso Espírito à Vida superior.

39
DIANTE DA TERRA

Diante da luta humana, o Espírito que amadureceu o raciocínio e despertou o coração sente-se cada vez mais só, mais desajustado e menos compreendido.

Por vagas crescentes de renovação, gerações diferentes surgem no caminho, impondo-lhe conflitos sentimentais e lutas acerbas.

Estranha sede de harmonia invade-lhe a alma.

Habitualmente, identifica-se por estrangeiro na esfera da própria família.

Ilhado pela corrente escura das desilusões, a se sucederem, ininterruptas, confia-se ao tédio infinito, guardando enrijecido o coração.

Essa, porém, não é a hora da desistência ou do desânimo.

O fruto amadurecido é a riqueza do futuro.

Quem se equilibra no conhecimento é o apoio daquele que oscila na ignorância.

Que será da escola quando o aluno, guindado à condição de mestre, fugir do educandário, a pretexto de não suportar a insipiência e a rudeza dos novos aprendizes? E quem estará assim tão habilitado, perante o Infinito, ao ponto de menoscabar a oportunidade de prosseguir na aquisição da sabedoria?

A Terra é a venerável instituição onde encontramos os recursos indispensáveis para atender ao nosso próprio burilamento.

Milhões de vidas formam o pedestal em que nos erigimos, e, alcançando o grande entendimento, cabe-nos auxiliar as vidas iniciantes, por nossa vez.

Por isso, na plenitude do discernimento, reclamamos uma fé que nos reaqueça a alma e nos soerga a visão, a fim de que a madureza de espírito seja reconhecida por nós como o mais belo e o mais valioso período de nossa romagem no mundo, ensinando-nos a agir sem apego e a servir sem recompensa.

Situados no cimo da grande compreensão, não prescindimos da grande serenidade.

Se, com o decurso do tempo, registramos o nosso isolamento íntimo, quando alimentados pelo ideal superior, depressa observamos a nossa profunda ligação com a humanidade inteira.

Informamo-nos, pouco a pouco, de que ninguém é tão indigente que não possa concorrer para o progresso comum e tomamos, com firmeza, o lugar que nos compete no edifício da harmonia geral, distribuindo fragmentos de nós mesmos, no culto da fraternidade bem vivida.

Valendo-nos da ressurreição de hoje para combater a morte de ontem, encontramos na luta o esmeril que polirá o espelho de nossa consciência, a fim de nos convertermos em fiéis refletores da beleza divina.

O mundo, por mais áspero, representará para o nosso Espírito a escola de perfeição, cujos instrumentos corretivos bendiremos um dia. Os companheiros de jornada que o habitam conosco, por mais ingratos e impassíveis, são as nossas oportunidades de materialização do bem, recursos de nossa melhoria e de nossa redenção, e que, bem aproveitados por nosso esforço, podem transformar-nos em heróis.

Não há medida para o homem fora da sociedade em que ele vive. Se é indubitável que somente o nosso trabalho coletivo pode engrandecer ou destruir o organismo social, só o organismo social pode tornar-nos individualmente grandes ou miseráveis.

A comunidade julgar-nos-á sempre por nossa atitude dentro dela, conduzindo-nos ao altar do reconhecimento, ao tribunal da justiça ou à sombra do esquecimento.

O Espiritismo, sob a luz do Cristianismo, vem ao mundo para acordar-nos.

A Terra é o nosso temporário domicílio.

A humanidade é a nossa família real.

Todos estamos determinados por Deus à gloriosa destinação.

Em razão disso, Jesus, o divino Emissário do Amor para todos os séculos, proclamou com a realidade irretorquível: "Das ovelhas que o Pai me confiou, nenhuma se perderá."

40
ANTE O INFINITO

Amadurecida a compreensão na maioridade mental, percebe o homem a sua própria pequenez à frente do Infinito. Reconhece que a vida divina palpita soberana, desde os princípios magnéticos do mundo subatômico até as mais remotas constelações. Observa que o planeta, grande e sublime pelas oportunidades de elevação que nos oferece, é simples grão de areia quando comparado ao imenso universo. Cercado por sóis e mundos incontáveis, ergue-se, dentro de si mesmo, para indagar quanto aos problemas da morte, do destino, da dor... Suas perguntas silenciosas atravessam o Espaço incomensurável em busca das eternas revelações...

Para o coração alimentado pela fé e elevado à glória do ideal superior, o Espiritismo com Jesus traz a sua mensagem iluminada de esperança.

Interrogando o Infinito, que se estende triunfante no espaço e no tempo, os homens ouvem a palavra dos vivos que os antecederam na grande viagem do túmulo, afirmando com imponente beleza:

— Irmãos, a vida não cessa!...

Tudo é renovação e eternidade.

Tanto quanto as leis cósmicas nos governam a experiência física, indefectíveis leis morais nos dirigem o Espírito.

Abstende-vos do mal.

Os compromissos da alma com os planos inferiores constituem aumento de densidade em seu veículo de manifestação.

Nosso corpo espiritual, em qualquer parte, refletirá a luz ou a treva, o céu ou o inferno que trazemos em nós mesmos.

Cultivai a fraternidade e o bem, porque, hoje e amanhã, colheremos da própria sementeira.

Além das fronteiras de sombra e cinza, onde se esfriam e se desintegram os derradeiros farrapos da carne, a vida continua, impondo-nos o resultado de nossas próprias ações.

Amai o trabalho e engrandecei-o! É por ele que a civilização se levanta, que a educação se realiza e que a nossa felicidade se perpetua. Na pátria das almas, chora amargamente o Espírito que lhe esqueceu a riqueza oculta, olvidando que somente pelo serviço conseguimos desenvolver as nossas possibilidades de crescimento interior para a imortalidade.

Aceitai o ato de servir e ajudar não como castigo, mas sim como preciosa honra que o divino Poder nos confere.

Não vos inquietem no mundo o orgulho coroado de louros e o vício com a iniquidade, aparentemente vitoriosos!...

A Justiça reina, imperecível.

Quem humilha os outros será humilhado pela própria consciência, e o instituto universal das reencarnações funciona igualmente para todos, premiando os justos e corrigindo os culpados.

Cada falta exige reparação.

Cada desequilíbrio reclama reajuste.

Os padecimentos coletivos da sociedade humana constituem a redenção de séculos ensanguentados pela guerra e pela violência. As aflições individuais são remédios proveitosos à cura e ao refazimento das almas.

Anexai os desejos do reino de vosso "eu" aos sábios desígnios do reino de Deus.

O egoísmo e a vaidade nos encarceram na lama da Terra.

Lede as páginas vivas da natureza e buscai a vida sã e pura, usando a boa vontade para com todos.

Simplificai vossos hábitos e reduzi as vossas necessidades.

Tende confiança, sede benevolentes, instruí-vos, amai e esperai!... Crescei no conhecimento e na virtude para serdes mais fortes e mais úteis.

Além dos horizontes que o nosso olhar pode abranger, outros mundos e outras humanidades evolvem no rumo da perfeição!...

Todos somos irmãos, filhos de um só Pai, que nos aguarda sempre, de braços abertos, para a suprema felicidade no eterno bem!...

E, ouvindo os sagrados apelos de cima, o coração que desperta para a vida superior compreende, enfim, que Deus é a Verdade soberana, que o trabalho é a nossa benção, que o amor e a sabedoria representam a nossa destinação e que a alma é imortal.

O QUE É ESPIRITISMO?

O ESPIRITISMO É UM CONJUNTO DE PRINCÍPIOS E LEIS revelados por Espíritos Superiores ao educador francês Allan Kardec, que compilou o material em cinco obras que ficariam conhecidas posteriormente como a Codificação: *O livro dos espíritos*, *O livro dos médiuns*, *O evangelho segundo o espiritismo*, *O céu e o inferno* e *A gênese*.

Como uma nova ciência, o Espiritismo veio apresentar à Humanidade, com provas indiscutíveis, a existência e a natureza do Mundo Espiritual, além de suas relações com o mundo físico. A partir dessas evidências, o Mundo Espiritual deixa de ser algo sobrenatural e passa a ser considerado como inesgotável força da Natureza, fonte viva de inúmeros fenômenos até hoje incompreendidos e, por esse motivo, são tidos como fantasiosos e extraordinários.

Jesus Cristo ressaltou a relação entre homem e Espírito por várias vezes durante sua jornada na Terra, e talvez alguns de seus ensinamentos pareçam incompreensíveis ou sejam erroneamente interpretados por não se perceber essa associação. O Espiritismo surge então como uma chave, que esclarece e explica as palavras do Mestre.

A Doutrina Espírita revela novos e profundos conceitos sobre Deus, o Universo, a Humanidade, os Espíritos e as leis que regem a vida. Ela merece ser estudada, analisada e praticada todos os dias de nossa existência, pois o seu valioso conteúdo servirá de grande impulso à nossa evolução.

EDIÇÕES DE
ROTEIRO

EDIÇÃO	IMPRESSÃO	ANO	TIRAGEM	FORMATO
1	1	1952	10.128	13x18
2	1	1958	10.128	13x18
3	1	1972	10.000	13x18
4	1	1978	10.200	13x18
5	1	1980	8.100	13x18
6	1	1982	10.200	13x18
7	1	1986	10.200	13x18
8	1	1989	15.200	13x18
9	1	1994	10.000	13x18
10	1	1998	5.000	13x18
11	1	2004	3.000	12,5x17,5
12	1	2007	1.000	12,5x17,5
12	2	2008	1.000	12,5x17,5
13	1	2008	5.000	12,5x17,5
13	2	2010	2.000	12,5x17,5
13	3	2011	3.000	12,5x17,5
14	1	2012	5.000	14x21
14	2	2013	1.500	14x21
14	3	2014	2.000	13,5x20,5
14	4	2016	3.000	14x21
14	5	2018	1.000	14x21
14	6	2018	1.000	14x21
14	7	2019	1.000	14x21
14	8	2022	1.000	14x21
14	IPT*	2023	300	14x21
14	IPT	2023	250	14x21
14	IPT	2023	600	14x21
14	12	2024	1.000	14x21
14	13	2025	800	14x21

*Impressão pequenas tiragens

FEB editora
Livro espírita para um novo mundo
www.febeditora.com.br
@febeditoraoficial
@febeditora

Conselho Editorial:
Carlos Roberto Campetti
Cirne Ferreira de Araújo
Evandro Noleto Bezerra
Geraldo Campetti Sobrinho – Coord. Editorial
Jorge Godinho Barreto Nery – Presidente
Maria de Lourdes Pereira de Oliveira
Miriam Lúcia Herrera Masotti Dusi

Produção Editorial:
Elizabete de Jesus Moreira

Revisão:
Bárbara de Castro
Elizabete de Jesus Moreira

Capa, Projeto Gráfico e Diagramação:
Ingrid Saori Furuta

Normalização Técnica:
Biblioteca de Obras Raras e Documentos Patrimoniais do Livro

Esta edição foi impressa pela Viena Gráfica e Editora Ltda., Santa Cruz do Rio Pardo, SP, com tiragem de 800 exemplares, todos em formato fechado de 140x210 mm e com mancha de 94x160 mm. Os papéis utilizados foram o Off white bulk 58 g/m² para o miolo e o Cartão 250 g/m² para a capa. O texto principal foi composto em fonte Adobe Garamond Pro 12/15,3 e os títulos em District Thin 20/20. Impresso no Brasil. *Presita en Brazilo.*